제작부터 상영까지 새내기 영화감독이 알아야 할 모든 것

10대에
영화감독이 되고 싶은 나,
어떻게 할까?

글 마이클 글래스버그 | 그림 제프 쿨락 | 옮김 김진원
감수 정승구(영화감독)

오유아이 Oui

킴에게 - M.G.

존 베스와 메리 베스에게 - J.K.

Originally published as
Learn to Speak Film: A Guide to Creating, Promoting, and Screening Your Movies

Text © Michael Glassbourg, 2013
Illustrations © Jeff Kulak, 2013
Korean translation copyright © 2016 Green Frog Publishing Co.
Korean edition published with permission from Owlkids Books Inc., Toronto Ontario CANADA, through
Orange Agency, Seoul KOREA.

지식은 모험이다 09
10대에 영화감독이 되고 싶은 나, 어떻게 할까?

처음 펴낸 날 **2016년 6월 10일** | 네번째 펴낸 날 **2023년 1월 5일**

글 **마이클 글래스버그** | 그림 **제프 쿨락** | 옮김 **김진원** | 감수 **정승구** | 펴낸이 **이은수** | 편집 **정헌경** | 북디자인 **투피피**
펴낸곳 **오유아이(초록개구리)** | 출판등록 **2015년 9월 24일(제300-2015-147호)**
주소 **서울시 종로구 비봉2길 32, 3동 101호** | 전화 **02-6385-9930** | 팩스 **0303-3443-9930**
인스타그램 **www.instagram.com/greenfrog_pub**

ISBN 979-11-5782-021-4 44680
ISBN 978-89-92161-61-9 (세트)

＊이 도서의 국립중앙도서관 출판시도서목록(CIP)은 서지정보유통지원시스템 홈페이지(http://seoji.nl.go.kr)와
　국가자료공동목록시스템(http://www.nl.go.kr/kolisnet)에서 이용하실 수 있습니다. (CIP제어번호: CIP2016013307)
＊오유아이는 초록개구리가 만든 또 하나의 출판 브랜드입니다.
　Oui는 프랑스어로 '예'라는 뜻입니다. 세상에 대한 긍정의 태도, 모험을 두려워하지 않는 도전 정신을 책에 담고자 합니다.

영화를 사랑하고
더 가까이 다가가고
싶은 이들에게

가슴 벅찬 영화를 보고 나서 '나도 영화나 한 편 찍어 볼까?' 생각해 본 적 있나요? 이내 '영화는 아무나 하나'라며 슬그머니 꼬리를 내리곤 했을 겁니다. 하지만 우리는 거의 매일 '영화'를 찍고 있습니다. 스마트폰으로 친구가 주연인 액션 영화를, 동생이나 아버지가 주연인 휴먼 드라마를 말입니다.

요즘은 스마트폰만 있으면 누구나 영화를 찍고, 인터넷을 통해 관객을 만날 수도 있는 시대입니다. 하지만 제대로 된 영화를 찍고 싶다면 약간의 전문 지식이 필요하지요. 그런데 대부분의 영화 입문서들이 초보자들에게는 어려운 게 사실입니다.

이 책은 그런 면에서 추천할 만합니다. 어렵게 폼을 잡지도, 읽는 사람을 기죽게 하지도 않습니다. 그렇다고 대충 넘어가지도 않습니다. 영화를 어떻게 시작해야 하는지, 영화가 어떤 과정을 거쳐 만들어지는지, 영감을 떠올린 순간부터 마지막 영화를 상영할 때까지의 과정을 꼼꼼하고 친절하게 안내합니다. 이 책을 읽으며 영화에 대한 큰 그림을 그린 후 필요에 따라 좀 더 전문적인 책을 찾아봐도 좋을 것 같습니다.

영화를 직업으로 하지 않더라도 자신만의 영화를 만들어 보는 것은 멋진 일입니다. 가족의 모습을 기록한 작은 다큐멘터리도 좋고, 친구들과 함께 한 재미있고 기발한 코미디도 좋겠지요. 운이 좋으면 인터넷이나 영화제 등을 통해 관객을 만날 기회도 가질 수 있을 것입니다. 중요한 것은 도전해 보는 것이지요. 이 책을 통해 많은 분들이 영화를 즐기고, 영화에 더 쉽게 다가갈 수 있길 기대해 봅니다.

정승구 영화감독

3

10대에
영화감독이
되고 싶은 나,
어떻게 할까?

차례

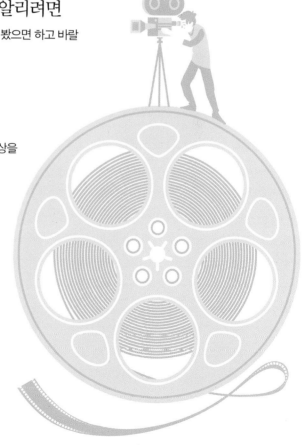

영상으로 이야기하기

요즘 좋은 영화 뭐 있지?
이건 "날씨 어때?"만큼 흔히 하는
질문이다. 그런데 어떤 매력이 있기에
다들 영화에 흠뻑 빠지는 걸까?

글쎄, 이유 하나를 꼽자면, 사람들은 영화 보러 가는 걸 무척 좋아한다. 영화 관람은 오랫동안 이어져 왔다. 오늘날에도 사람들은 영화가 시작된 1880년대 말에 사람들이 느꼈던 것과 똑같은 흥분을 여전히 느낀다.

영화는 알면 알수록 더 흥미진진하게 다가온다. 영화를 만드는 과정은 여러 가지 면에서 수수께끼 같다. 사실 많은 사람이 영화 제작에 참여한다. 하지만 이해할 수 없을 만큼 복잡한 일은 하나도 없다. 그러니 이제부터 영화 제작에 관련된 모든 것을 하나하나 탐험해 보자.

왜 다들 영화에 마음을 빼앗길까? 배우가 멋있어

서? 감독이 훌륭해서? 의상이 화려해서? 음악이 좋아서? 아이디어가 어디서 나오는지 궁금해서? 아니면 몽땅 다? 그렇다. 전 과정이 하나같이 흥미진진하다.

이 책에서는 영화란 무엇인지, 영화계의 사람들이 어떤 일을 하는지 두루 살펴본다. 또 혼자서든, 친구 몇몇과 함께든 직접 영화 만드는 방법을 보여 준다. 영화 제작은 무척 매력적이지만 때로는 아주 고된 작업이기도 하다. 하지만 영화를 통해 자신이 누구인지, 자신에게 중요한 게 무엇인지를 표현할 수 있다. 무엇보다 엄청 재미있다.

나에 대해 몇 가지 알려 드리죠

나는 이 책을 쓴 마이클 글래스버그입니다.

영화 보는 걸 좋아하고, 영화 만드는 일도 사랑합니다.

영화 제작은 가족, 친구, 세상과 이야기를 나누는 일이라 생각합니다. 그동안 여러 영화나 연극, 라디오 다큐멘터리에서 글을 쓰고 감독을 하고 연기를 해 왔어요. 다재다능한 사람들과 숱하게 일해 왔지요. 여러 프로듀서와 감독, 작가, 촬영 감독, 편집 기사, 배우와 함께 했지요. 여러 나라를 두루 돌아다니며 수많은 곳에서 일했습니다. 교육 활동도 많이 했어요. 20년 전부터는 캐나다 토론토에 있는 험버 대학에서 영화와 텔레비전 프로그램 제작을 가르치고 있습니다. 난 학생들과 지식을 나누며 영화 세상을 탐험할 때가 가장 행복합니다.

늘 새롭게 배울 것이 있더군요. 이 책을 쓰면서도 많이 배웠지요. 자, 팝콘을 챙기고 조명을 은은하게 낮춥시다. 이제 마법이 시작됩니다.

CHAPTER 1

인생은 영화처럼

어느 날 뭔 일이 생겨서 친구한테 이야기를 털어놓았다.
그런데 그 이야기로 근사한 영화 한 편 만들 수 있지 않을까?

'글쎄, 하지만 그런 일은 일어나지 않을 거야. 너무 복잡해서 헤맬 게 뻔하니까.' 이렇게 생각한 적은 없는가? 그런데 그 일은 정말 일어날 수 있다. 이야기를 갖고 이렇게 저렇게 굴려 보다가 큰맘 먹고 영화로 만들어 낼 수 있다. 나무에 올라가서 물고기를 구하는 일처럼 얼토당토않은 일이 아니다. 영화는 다 그렇게 만든다. 노하우 약간과 기본 장비인 카메라만 있으면 된다.

"영화가 따로 없어!"라거나 "영화 속 한 장면 같아!"라는 말이 언제 저절로 입에서 나올지 모른다. 어쩌면 길을 걸어가다 짧은 대화 한 토막을 주워들을 수도 있다. 아니면 굉장한 이야기가 될 만한 일을 겪고 나서 그 경험을 나누고 싶어질 수도 있다. 영화감독도 바로 그렇게 느낀다.

영화를 좋아한다면 여러분은 이미 알고 있다. 눈을 사로잡는 장면이 무엇인지, 톡톡 튀며 이어지는 대사가 어떻게 들리는지, 마음을 적시는 사운드트랙은 무엇인지, 쏙 빨려 들어가는 이야기는 무엇인지. 이 모든 것이 영화를 이루는 중요한 요소다.

다만 대사나 사운드트랙, 멋진 장면을 직접 만들어 낼 수 있다는 걸 모를 뿐이다. 여러분에게는 뭔가 새로운 걸 만들 수 있는 잠재력이 있다. 사실 여러분은 영화 만드는 법을 당장 배울 준비가 되어 있다. 영감과 가르침만 있으면 된다. 이 책이 여러분에게 주려는 게 바로 그것이다.

액션!

영상

캔버스 같은 표면에 물감을
다채롭게 칠하면 그림이 된다.
그리고 대개 사각 틀이 그림을
감싸고 있다. 찰흙이나 돌, 나무 같은
재료로 독립된 물체를 빚어내면
조각이 된다. 영화는 어떨까?
등식으로 표현한다면 다음과 같다.

영상은 바로 그때 눈에 보이는 순간이다. 인상 깊
은 영상은 반응을 불러일으킨다. 아름다움으로 마
음을 사로잡는 영상이 있는가 하면, 혐오감을 주는
영상도 있다. 그리고 어떤 영상은 배꼽 잡고 웃게
도 한다. 영상이 일으킬 수 있는 반응은 한도 끝도
없다.

움직임의 의미는 다양하다. 움직임이라는 말은 '사람이 걸어간다', '하늘의 구름이 흘러간다', '차가 고속도로를 질주한다'처럼 실제로 어떻게 움직이는지를 말한다. 더불어 사람의 삶이 어떻게 펼쳐지는지도 말해 준다. 항상 갖가지 일이 생기기 때문에 우리 삶은 제자리에 머무르지 않는다. 한 사건이 다른 사건, 또 다른 사건과 이어지는 걸 보면 날마다 일어나는 사건들도 움직이고 있다는 것을 알 수 있다.

코미디든, 공포 영화든, 공상 과학 영화든, 추리물이든, 드라마든, 큰 작품이든 작은 작품이든, 모든 영화는 똑같은 기본 요소를 가지고 있다. 바로 영상과 움직임이다.

뭐가 그렇게 특별할까?

아주 머나먼 옛날, 사냥하고 채집하며 살던 그 시절에는 기나긴 하루가 끝나면 다들 모닥불 주위에 둘러앉곤 했다. 모두 자리를 잡고 조용히 입을 다물면 누군가 이야기를 들려주었다.

나이 지긋한 할아버지가 우주 삼라만상이 생겨난 이야기, 또는 아이들을 잔뜩 겁먹게 했다가 까르르 웃게 하는 이야기를 들려주었을 것이다. 이야기를 듣는 동안 모두 손가락도 까딱 안 하고 숨소리도 크게 안 내면서 이야기에 넋을 놓았다. 즐거움을 누리고 싶은 건 누구나 마찬가지니까.

오늘날의 모닥불

오늘날 500명이나 되는 사람들이 두 시간 혹은 그 시간이 훌쩍 넘도록 핸드폰도 못 켜고 말도 못 하고 움직이지도 못한 채 동시에 웃고 울고 소리 지르며, "와!" 하고 입속말밖에 할 수 없는 때는 언제일까? 당연히, 영화를 볼 때다.

영화는 갖가지 방법으로 우리 마음을
사로잡는다

에베레스트 산처럼 큰 영상으로

극장에 앉아 있으면 화면 속 영상과 사람들이 거대
하다. 클로즈업한 얼굴은 거인만 해서 속속들이 다
들여다볼 수 있다. 그래서 감정 하나하나가 더 깊
게 다가온다.

주위를 에워싸는 소리로

마음에 드는 영화 한 편을 생각하며 눈을 감아 보
자. 몇 장면이 떠오를 것이다. 그리고 얼핏 소리도
들리지 않는가? 영상이 머릿속을 떠다닐 때면 음
악도 함께 머문다. 음악이 영상과 어우러져 오랫동
안 기억에서 사라지지 않기도 한다. 주위가 음악이
나 소리로 가득 차면 관객들은 어느새 지금 있는

곳을 벗어나 영화 속 시간과 배경으로 휙 날아가
버린다.

마음을 사로잡는 매력 넘치는 인물로

영화에 등장한 인물이 종종 생각날 때가 있다. 작
가가 지어낸 인물이지만 직접 만난 사람처럼 인상
이 또렷이 남는다.

잊을 수 없는 이야기로

좋아하는 영화를 보고 나면 그 이야기는 거의 잊히
지 않는다. 아주 오랫동안 머릿속에서 떠나지 않고
머문다.

TV나 컴퓨터, 핸드폰으로

다양한 장소에서 영화를 감상할 수 있다. 극장에서
는 모든 게 큼지막하다. 집에서는 불을 켜 놓고 몇
몇 사람과 함께 작은 화면으로 볼 수 있다. 그래도
여전히 마법은 통한다.
좋아하는 영화를 새로운 방법으로 즐겨도 색다른
재미가 있다. 공포 영화는 친구와 같이 보는 것보
다 혼자 보면 더 오싹하다. 코미디 영화는 떼 지어
왁자지껄 웃으며 함께 보는 게 가장 재미있다.

영화는 마법 같은 것!

영화는 존재하지 않는 세상에 생명을 불어넣는다.
때로는 현실이 아니라고 생각하기가 어렵다. 분명
극장에 앉아 있는데도 자꾸만 현실이라고 믿고 싶
어진다. 가만히 앉아 찬찬히 살펴보면 지금 눈앞에
펼쳐지는 하나하나가 대부분 꾸며낸 거라는 사실
을 안다. 하지만 우리 마음은 영화 속 현실 같은 모
습에 마냥 머물러 있다.

영화는 거의 모든 걸 할 수 있다

예술은 형식이 다양하다. 각각의 예술은 사람들을 감탄하게 할 만한 장점을 한두 개씩 가지고 있다. 춤은 풍부한 몸짓과 생동감으로 동작과 감정을 강렬하게 아우르며 엮어 낸다. 음악은 마음을 흔드는 선율 또는 몸을 들썩이게 하는 리듬으로 영혼을 울린다. 그림은 멋들어진 이미지로 전율을 느끼게 한다. 사진은 이미지를 포착한다는 점에서 그림과 같지만 더욱 사실적이다. 문학은 독자를 사로잡아 등장인물에 깊이 감정을 이입하게 한다.

영화에는 움직임과 이미지가 있다. 게다가 희로애락도 함께 담아낸다. 영화는 예술 중에 역사가 가장 짧지만, 기술적으로나 예술적으로 빠르게 진화해 왔다.

영화도 예술이다

누구나 자신을 표현하려고 한다. 그리고 뭔가를 창작해서 함께 나누고 싶어 한다. 오랜 세월 인류는 그림을 그리고 춤을 추고 연극을 공연하고 음악을 쓰고 이야기를 지어 왔다. 이런 예술 활동과 마찬가지로 영화도 창작해서 함께 나누려는 욕구를 채워 준다.

영화로 가는 길

만약 로마로 여행을 떠난다면 이메일이나 문자, 전화로 친구나 가족과 연락을 주고받을 수 있다. 하지만 200년 전에는 이런 기술이 존재하지 않았다. 여러분이라면 어떻게 했을까?

여행지의 풍경을 함께 나누고 싶어 그림을 몇 장 그렸을지도 모른다. 경험담을 글로 썼거나, 아니면 꾹 참고 기다렸다가 가족과 친구를 만나 여행 이야기를 들려줬을 수도 있다. 그래도 가족과 친구는 직접 가지 않는 이상 로마를 볼 수 없었다.

사진의 등장은 모든 걸 바꾸었다

1800년대 초에 사진이 발명되었다. 그러고 나서야 사람들은 자신이 본 풍경을 친구한테 실제 모습 그대로 보여 줄 수 있게 되었다.

첫 영화다운 영화

첫 영화는 아주 단순하고 짧았다. 상영 시간이 불과 10~20초 정도였다. 〈힘센 사나이The Strong Man〉(1894년)에서는 '근육 맨'이 카메라 앞에 서서 근육을 불룩거리는 모습이 나왔다. 〈재채기The Sneeze〉(1896년)는 누군가 재채기하는 모습을 담았다.

뤼미에르 형제

프랑스에서 오귀스트 뤼미에르와 루이 뤼미에르 형제가 시네마토그래프, 즉 영화 촬영용 카메라를 발명했다. 여기서 영화 촬영 기술을 뜻하는 '시네마토그래피cinematography'라는 말이 나왔다. 뤼미에르 형제가 촬영한 첫 영화는 〈일을 마친 공장 노동자들Workers Leaving the Factory〉(1895년)이었다. 뤼미에르 형제는 전구 공장에서 일하는 노동자 200명한테 정문으로 걸어 나오라고 말했다. 그리고 며칠 뒤에 가게 앞을 빌려 벽에다 영화를 상영했다. 와! 첫 영화 촬영 카메라로 찍은 첫 작품이었다.

막간 영화제

과거로 가 보자

다음 영화 세 편으로 초창기 영화 세계는 어땠는지, 영화가 어떤 단계를 거쳐 진화해 왔는지 엿볼 수 있다. 처음 두 영화는 100년도 더 된 영화고, 마지막 영화는 거의 최근에 만든 영화다.

뤼미에르 형제 Auguste & Louis Lumière
〈열차의 도착 Arrival of a Train at La Ciotat〉

첫 공포 영화로 평가되기도 한다. 비명을 지르며 극장 밖으로 뛰쳐나가는 관객이 종종 있었다. 기차가 진짜로 자신을 향해 달려든다고 생각했으니까. 지금은 이상하게 들리겠지만, 잊지 말자. 그전에는 영화를 본 사람이 거의 없었다는 걸.

조르주 멜리에스 Georges Méliès
〈달나라 여행 A Trip to the Moon〉

멜리에스는 새로운 영역을 개척한 프랑스 영화감독으로, 마법사처럼 환상적인 기법을 선보였다. 이 영화는 우주 비행사가 달에 발을 디디기 무려 70년 전에 만들어졌다.

미셸 하자나비시우스 Michel Hazanavicius
〈아티스트 The Artist〉

프랑스 감독 하자나비시우스가 만든 이 영화는 무성 영화에서 유성 영화로 넘어가는, 영화 역사의 한 시기를 그렸다. 소리와 대사가 배우와 관객한테 끼친 엄청난 영향력을 보여 준다.

영감은 어디에나 있다

영감은 뭔가를 보거나 생각할 때
느닷없이 떠올라 새로운 걸 만들도록
북돋아 준다.

영감을 받은 사람은 가만히 앉아 있기가 힘들다.
무엇이든 기어코 일을 벌여 새로운 걸 만들고
싶어진다. 영화감독한테도 영감은 영화를 만들
도록 자극하는 원천이다.

프로는 어떻게 영감을 찾을까?

프로도 영감이 필요하다. 그래서 영화감독도 늘
영화를 본다. 블록버스터처럼 내용이 빤한 영
화뿐 아니라 전 세계에서 상영하는 온갖 영화를
본다. 그리고 이야기를 들려줄 참신한 시
각적 아이디어와 새로운 방법을 항상 찾아다
닌다. 영감을 찾고 있다면 모든 것에 오감을
열어 놓아야 한다. 영화감독이라고 영화만
보는 건 아니다. 미술관에도 가고 연극도 한다.
그리고 수많은 사람을 관찰한다. 관찰은 무언
가를 찾기에 정말 좋은 방법이니까.

나라면 어떨까?

영화를 배우고 싶다면 영화를 많이 봐야 한다. 이 얘
기는 그리 어렵게 들리지 않을 것이다. 하지만 배우기
위해 영화를 보는 건, 느긋하게 앉아 그냥 즐기면서
보는 것과는 전혀 다르다. 집중하고 주의를 기울여야
한다. 그리고 지금 무엇을 보고 어떻게 느끼는지를 알
고 있어야 한다.

'발견'할 기회를 찾아서

무엇이 영감을 떠오르게 할지 미리 알 수는 없다. 미
술관, 연극 무대, 음악 공연장 등 한 번도 안 가 본 곳
을 찾아가 보자. 좋은 것과 싫은 것을 뚜렷이 구분해
두자. 더 중요한 건, 좋은 이유를 분명히 알아야 한다
는 것이다. 왜 그 이야기에 마음이 뭉클할까? (아마도
자신이나 다른 사람에 대해 알게 되기 때문일 거다.)

좋은 음악은 어찌도 그리 사람을 감동시킬까? (청중마다 얼굴 가득 미소를 머금게 하니까.) 왜 그 장면에 마음이 끌릴까? (자연 그대로의 색을 좋아한다는 걸 깨닫게 될지도 모른다.) 즐거운 영화든, 확신이 안 서는 영화든 가리지 말고 보러 가자. 두려워 말고. 바로 그게 발견이니까.

누구든 하고 싶은 이야기가 있다

영감을 얻으려면 이따금 내면을 들여다봐야 한다. 여러분은 삶이 별 볼일 없다고 생각할지 모르지만, 장담컨대 그 삶 속에도 분명 이야기가 있다. 그 이야기가 실화든 허구든.

조금만 손보면 좋은 영화가 될 만한 이야기를 이미 알고 있을지도 모른다. 아니면 삼촌이 군대에서 경험한 이야기나, 아버지의 아버지가 유럽으로 먼 여행을 떠난 이야기를 들었을지도 모른다. 무엇이든 근사한 이야기가 될 만하다. 결국 어떻게 이야기하느냐에 달려 있으니까. 이렇게 생각하기 시작했다면 여러분은 영화감독으로 첫발을 내디딘 셈이다.

명심하자, 영감은 느닷없이 떠오른다는 사실!

영감은 전혀 기대 안 했는데 불쑥 찾아올 수 있다. 때와 장소를 가리지 않고, 신문을 보다가, TV를 보다가, 수영하다가, 친구와 음악을 듣다가, 꿈에서 깨어나다가. 영감이 찾아오도록 마음을 활짝 열어 놓으면 뭔가를 새로 만들어 낼 동기를 얻을 것이다.

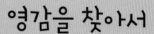

영감을 찾아서

영화감독은 종종 다른 영화감독한테서 영감을 얻기도 한다. 그리고 엉뚱한 시간에 영감이 찾아와 영원히 머물기도 한다.

> ❝나는 다른 영화감독들이 일하는 모습을 꼭 지켜봅니다. 그 모습이 훌륭하면 새로운 영감이 떠올라 나를 활활 불태우죠. 그러고 나면 더 나은 작품을 꼭 만들고 싶어집니다.❞
>
> — 돈 매커천
> 캐나다 감독조합 전 조합장

CHAPTER 2

렌즈로 보는 세상

생일파티를 하고 있다. 케이크가 들어온다. 카메라로 손을 뻗는 사이 다른 사람도
하나둘 그 순간을 포착하려고 한다.

훅! 촛불을 끄는 순간 한바탕 플래시가 팡팡 터지면서 셔터를 누르는 손길들이 바쁘다. 사진을 몇 장 찍고 나서 달콤한 초콜릿 케이크 한 조각을 맛본다. 나중에 집으로 돌아와서 찍은 사진을 죽 훑어보니 생각과는 영 다르게 나왔다. 정말 찍고 싶은 건 파티 느낌이 물씬 나는 장면이었다. 친구와 다 함께 케이크를 빙 둘러싸고 있는 순간을 꼭 담고 싶었다. 그런데 그런 사진이 한 장도 없다. 사진을 더 잘 찍었더라면…….

우리가 사진을 찍는 이유는 감동을 주거나 마음을 뭉클하게 하거나 흥미를 불러일으키는 뭔가를 보고 있기 때문이다. 그건 어떤 사람이나 상황일 수도 있고 다른 무엇일 수도 있다. 물론 우리는 다른 사람들도 사진을 보고 똑같이 느끼길 바란다. 그렇다면야 신나는 일이겠지만 한편 어려운 일이기도 하다. 사진은 곧 감정이라고도 할 수 있다. 우리 자신의 감정과 다른 모두의 감정.

사진은 자신이 누구인지, 어떤 생각을 하는지, 어떻게 세상을 바라보는지 표현할 수 있는 방법이다. 하지만 열심히 노력해야 한다. 생각대로 나오게끔 사진 찍는 법을 익혀야 한다. 멋진 사진은 실험을 하면서, 그리고 거듭된 실수를 통해 배우면서 얻는다. 그 과정은 시간이 걸린다. 하지만 줄곧 재미있을 테니 참을성을 갖자.

언제든 카메라를 들고 찍을 수 있게 준비해 놓는 습관을 들이자. 카메라가 몸의 일부가 되어 팔이나 다리처럼 늘 붙어 있어야 한다. 카메라는 아주 중요한 도구다. 그러니 되도록 카메라에 대해 전부 배우도록 힘써야 한다.

스틸 사진을 찍으면서 구도나 빛에 대해 배울 수 있다. 더불어 가장 중요한 것, 즉 여러분이 사진에 담고 싶고 세상과 나누고 싶은 것이 무엇인지를 알 수 있다.

카메라와 눈

우리는 스틸 카메라와 다르게 세상을 본다. 스틸 카메라는 각 순간을 따로따로 분리해서 보지만, 우리는 순간들을 죽 연결해서 본다. 동떨어져 고정된 순간은 없다. 그리고 우리는 카메라와 달리 프레임 안뿐 아니라 바깥도 볼 수 있다.

구도 잡기

그림처럼 사진에도 '프레임frame'이라는 테두리가 있다. 이 프레임 안에 사진 찍을 대상(피사체)을 어떻게 놓느냐가 무척 중요하다. 이러한 구도framing 야말로 괜찮은 사진과 정말 마음에 쏙 드는 사진을 구별하는 관건이다.

가끔은 피사체가 마치 온 세상인 듯 프레임 안에 꽉 차게 구도를 잡고 싶을 때가 있다. 대개 그런 사진은 피사체가 사진 전체를 가득 채워 다른 생각은 할 수 없게 만든다. 또 이따금은 사진 밖의 세상까지 구도를 잡고 싶을 때도 있다. 그러면 피사체 말고도 많은 풍경을 담게 된다.

예상해 보자

실력이 뛰어난 테니스 선수들은 상대방이 라켓으로 치기도 전에 공을 어디로 보낼지 아는 것 같다. 그들은 다음에 일어날 일을 예상할 수 있다. 솜씨 좋은 사진작가도 비슷한 본능을 갖고 있는 듯하다.

이렇게 해 볼까? : 카메라를 들고 밖으로 나가 주변을 돌아다니자. 꼬박 하루 동안 마음이 끌리는 대상을 찾아다니자. 사람, 풍경, 상황을 찍어 보자. 마음껏 즐기면서. 하지만 사진 찍을 때마다 어떻게 구도를 잡을까를 염두에 둬야 한다. 집으로 돌아와 찍은 사진들을 보고 가장 마음에 드는 사진 세 장을 고르자. 그러고는 그 사진을 찍은 장소로 돌아가 다시 사진을 찍자. 이번에는 무슨 수를 쓰더라도 더 나은 사진이 나오게 하자. 구도와 구성을 마음먹은 대로 잡아 보자. 무엇보다 완벽한 순간을 예상해야 한다는 걸 잊지 말자.

포착할 순간을 정확히 찾아내니까. 그들도 다음에 일어날 일을 예상할 수 있기 때문이다. 사진을 찍을 때 완벽한 순간이 찾아오기를 기다리지 말자. 그랬다가는 그 순간을 놓쳐 버리고 만다. 미리 예상하는 게 중요하다.

구성 실험

구성composition은 사진 안에 여러 가지 요소를 이리 저리 늘어놓는 방법이다. 피사체가 카메라나 촬영을 의식하지 않는 게 가장 좋다.

사진이 어떻게 나오면 좋을지 궁리해 보자. 시간이 들더라도 프레임 안에서 가장 멋지게 담아낼 장면을 찾아보자. 프레임을 오른쪽으로, 다시 왼쪽으로 움직이며 실험해 보자. 그리고 서로 다른 여러 각도로 사진을 찍어 보자.

피사체가 잘리거나 전체 모습을 다 담지 못할 수도 있다. 그럴 때는 그냥 사람들이 상상력을 발휘하게 놔두자. 아니면 프레임 안에 최대한 많은 걸 담아 사람들이 피사체를 찾게 만들 수도 있다.

카메라가 흔들리지 않게!

이건 아주 간단한데 잊기 쉽다. 멋진 장면을 발견하면 카메라를 재빨리 꺼내 들고 사진을 찍게 된다. 그런데 아무리 손 떨림 보정 장치(카메라가 흔들리지 않게

도와주는 장치)가 있어도, 움직이지 말고 카메라를 지탱해야 한다는 걸 명심하자. 셔터를 누르려는 찰나에 숨을 잠깐 참는 방법도 오래된 요령이지만 여전히 쓸 만하다.

스틸 사진에서 배우기

사진 촬영과 영화 촬영은 서로 관련이 깊다(24쪽 참조). 데본 번스는 이 두 가지를 다 좋아하는 사람이다.

❝사진을 찍으면서 영화 촬영에 대해서도 많이 배울 수 있어요. 사진을 찍으면 빛이나 구도, 화면 구성을 이해하는 것뿐 아니라 훌륭한 이야기꾼이 되는 데에도 도움이 되죠. 촬영 감독이 하는 일은 바로 이거예요. 빛과 구도, 구성으로 이야기를 눈에 보이게 하는 것.❞

— 데본 번스
사진작가 겸 촬영 감독

탐험가가 되자

사진작가가 되는 길은 탐험가의 길과 비슷하다. 저마다 자신에게 중요한 것을 찾아다닌다. 그게 바로 사진에 담고 싶은 것이다. 또 새로운 장면, 생생하고 짜릿한 장면, 전에는 한 번도 생각해 본 적이 없는 장면을 찾아다닌다.

사진의 힘

우선 카메라를 준비하자. 그게 어떤 사진을 세상에 보여 주고 싶은지 알아 가는 첫 단계니까. 친구들의 얼빠진 실수를 200장 찍어 컴퓨터에 올리라는 소리가 아니다. 물론 그래도 상관없다.

하지만 전문 사진작가가 찍은 장면들과 똑같이 담아 보자. 사람들의 반응이 자못 기대될 것이다. 그리고 사람들이 웃거나 울거나 겁먹는 모습을 보고 싶을 것이다.

이렇게 해 볼까? : 이제 카메라를 들고 촬영 연습을 해 보자. 여러 이미지가 함께 있는 장면을 찾아보자. 즉, 굽이진 언덕 배경의 푸른 골짜기 따로, 매연을 내뿜는 공장 굴뚝 따로 찍지 말고, 평화로운 시골 풍경과 매연을 내뿜는 굴뚝을 함께 사진에 담자. 그래야 인상 깊은 사진이 된다. 서로 정반대인 풍경을 짝지으리라고는 아무도 예상치 않을 테니까.

무엇을 찾아야 할까?

흥미로운 걸 찾고 있다면, 그것이 바로 내용이다. 보기에 근사한 걸 찾고 있다면, 그게 바로 미의식이다.

이런 걸 어떻게 찾을까? 대개는 그냥 카메라를 들고 눈을 크게 뜨고 주변을 걸어 다니며 사진을 찍는다. 이렇게 다니다 보면 중요한 순간에 우연히 맞닥뜨리기 쉽다. 멋지고 유명한 사진 가운데 상당수가 우연히 찍혔다. 전혀 그럴 작정이 아니었는데. 2차 세계 대전이 끝나던 날, 서로 모르는 두 사람이 키스를 나누는 유명한 사진이 있다. 그 사진은 바로 그 시간, 그 장소에 사진작가가 있었기 때문에 세상에 나올 수 있었다.

뜻밖의 장면

사진을 찍다 보면 예기치 않게 인상적인 사진을 찍을 수 있다. 때로는 한 장면에 여러 요소를 나란히 놓아 관객을 놀라게 할 수 있다. 닭을 한가득 실은 트럭이 고급 레스토랑 옆을 지나가는 사진처럼.

막간 영화제

사진으로 이야기하다

아래 사진작가 세 명은 서로 매우 다르지만 공통점이 있다. 사진으로 이야기를 한다는 점과 뜻밖의 사실을 드러낸다는 점이다.

고든 파크스 Gordon Parks

파크스는 20세기 아프리카계 미국인의 삶을 다큐멘터리 영화로 찍었다. 패션 사진뿐 아니라 보도 사진에 버금가는 부조리한 현실 폭로도 파크스의 작품 세계를 이루고 있다.

앙리 카르티에 브레송 Henri Cartier-Bresson

브레송은 자연스러운 사진의 대가이다. 주로 있는 그대로의 삶을 보여 주고 싶어 했다. 이 말은 사람들이 자기를 찍는 줄 전혀 눈치 못 챘다는 뜻이다.

애니 레보비츠 Annie Leibovitz

미국의 사진작가 레보비츠는 유명 인사들을 대중이 한 번도 못 본 모습으로 사진에 담곤 한다. 레보비츠가 찍은 사진들은 수많은 잡지에 실렸다.

빛으로 그리다

영화 촬영 감독들은 대상에 조명을 비추는 간단하고
도 효과적인 방법을 터득하고 있다. 여기, 전문가가
알려 주는 간단한 요령이 있다.

자연 조명 : 햇빛으로

햇빛은 창의적인 조명에 필요한 모든 요소를 갖추고
있다. 대상과 카메라를 제대로 놓기만 하면 된다.

그늘에서

- 그늘에 대상을 놓고 촬영에 들어간다.
- 대상을 또렷하게 보이도록 카메라를 세팅한다. 너무
  어둡지도 너무 밝지도 않게, 자연스럽게 보이도록 말이다.

햇빛이 쨍쨍한 날에

- 해를 등지고, 대상을 카메라와 마주 보게 놓는다.
  화이트 카드를 써서 반사한 햇빛으로 대상을 비추자.
  (화이트 카드는 커다란 하얀색 판인데, 처음에는
  문방구에서 쉽게 구할 수 있는 흰색 우드락을 많이 쓴다.)

인공 조명 : 조명등으로

햇빛을 사용할 수 없을 때는 조명을 써야 한다. 하지
만 우리는 조명이 최대한 자연스럽기를 바란다. 조명
을 사용한 걸 남들이 몰랐으면 하니까. 조명이 자연
스러워 보이는 가장 간단한 방법으로 3점 조명three-
point lighting이 있다.

사진작가도, 영화감독도 촬영할 때마다
빛을 알맞게 비추려고 노력한다.
그 자체가 하나의 예술이다.
따라서 영화에서 촬영은 '빛으로 그리는
것'을 뜻한다.

자동으로 맞추면 왜 안 될까?

카메라는 똑똑하다. 알아서 척척 거의 모든 걸 할
수 있다. 카메라는 빛이 얼마나 있는지를 알고, 빛
이 너무 많거나 너무 적으면 조절할 줄도 안다. 그
래서 항상 사진 한 장, 한 장을 비슷하게 만들어 선
사한다. 그런데 특별한 사진을 위해 조명을 비출
때는 피사체가 어떻게 보일지를 생각하며 빛을 조
절할 수 있어야 한다. 사진작가로서 여러분은 사진
이 밝게 보일지, 쾌활하게 보일지, 어둡게 보일지,
위협적일지를 조정할 수 있다.

조명은 기분과 분위기를 바꿔 주는 것은 물론, 사
람들에게 성격을 부여한다. 그리고 영화에서 어떤
모습으로 비칠지를 조정하게 해 준다.

주광 key light

중심이 되는 조명이다. 피사체를 바로 앞에서 비추면 밋밋하거나 빛이 부족한 느낌이 든다. 그러니 옆에서 비추자.

보조광 fill light

주광의 반대편 또는 피사체에 그림자 지는 곳을 비춘다.

역광 back light

피사체 뒤에서 비추는 조명이다. 피사체를 배경에서 분리해 촬영에 깊이가 있어 보이게 한다.

> **잠깐!** : 피사체에 보조광을 직접 비추지 말고, 화이트 카드로 빛을 반사시켜 그늘진 곳을 비춘다. 그러면 햇빛으로 조명을 한 듯 자연스럽게 보인다.

조명은 중요하다

촬영 중에 인물이 조명을 잘 받지 못하면 빛이 너무 많거나 아니면 빛이 전혀 없는 것처럼 보일 수 있다.

조명을 아래에서 비출 때

조명을 위에서 비출 때

조명을 올바로 비출 때

별별 조명

사람들은 알아채지 못하겠지만, 아래 영화들은 촬영 기법, 즉 조명과 촬영 방식에서 강력한 힘을 발휘한다.

여러 감독들 various directors
〈해리 포터 Harry Potter〉 시리즈

이 영화에서는 등장인물의 기분이나 분위기를 나타낼 때 조명을 쓴다. 장면이 어떤 방향으로 진행될지 종종 조명으로 알 수 있다. 예컨대 '어둡고 그림자가 진다=위험'이다.

게리 트러스데일 & 커크 와이즈 Gary Trousdale & Kirk Wise
〈미녀와 야수 Beauty and the Beast〉(디즈니 애니메이션 판)

이 만화 영화는 실사 영화에서처럼 조명을 쓴다. 애니메이션에서는 대부분 등장인물이 평면적으로 보이는 반면, 이 영화에서는 모두 입체적으로 보이도록 조명을 받는다.

빅터 플레밍 Victor Fleming
〈오즈의 마법사 The Wizard of OZ〉

이 영화는 서로 다른 조명 기술 두 가지를 한 영화에서 사용한 좋은 예다. 컬러뿐 아니라 흑백에도 맞는 조명을 보여 준다.

영화
속으로
들어가 보자

기술적으로 영화란 아주 짧은 시간 안에
찍은 수많은 스틸 사진을 말한다.
어떤 장편 영화는 스틸 사진 수천 장이
한 줄로 이어져 매끄럽게 넘어가는
듯 보인다.

두 가지 움직임

보통 카메라를 '스틸 카메라'라고 부르는 데는 그
럴 만한 이유가 있다. 사진을 찍을 때 카메라는 정
지해 있어야 하고, 일단 사진을 찍고 나면 그 프레
임도 정지해 있기 때문이다.

영화 촬영용 카메라로 찍을 때는 두 가지가 움직일
수 있다. 우선 카메라가 움직일 수 있고, 프레임 안
에서도 움직일 수 있다. 보통은 두 가지가 동시에
움직이므로 놓쳐서는 안 될 게 엄청 많다.

가장 중요한 일을 맨 먼저

여러분은 디지털 카메라를 갖게 됐고, 뭐든 하고
싶어 온몸이 근질거릴 것이다. 우선 카메라 쥐는
법을 손에 익히자. 안 보고도 카메라의 모든 버튼
을 능숙하게 다룰 수 있도록 하자. 연습하는 동안
구체적인 목표를 정해 두면 좋다. 여기, 시각적인
스토리텔링과 영화 촬영에 대해 많은 걸 배울 수
있는 두 가지 지름길이 있다.

잠깐! : 이야기를 말로 한다면, "이런 일이
일어났어. 그러고는 저런 일이 일어났지.
그다음에 무슨 일이 일어났는지 결코 상상 못
할 거야."라고 말한다. 영화로 이야기를
할 때도 마찬가지다. 찍은 장면을 보고, 놓친
부분을 찾은 다음, 밖으로 나가 채워 넣으면
된다.

1 우리 집 근처 : 일상 속의 하루

카메라를 들고 여러분이 사는 곳을 시각적으로 탐험해 보자. 집 주변이든, 시골이나 도시든, 집 근처 풀밭과 개울이든 상관없다. 아침부터 밤까지 쭉 촬영해 보자. 여러분을 전혀 모르는 누군가가 이 필름 속의 정보를 궁금해한다고 상상하자. 여러분도 자신이 그 공간에 대해 어떻게 느끼는지, 그 공간이 어떤 곳인지 알려 주고 싶을 것이다.

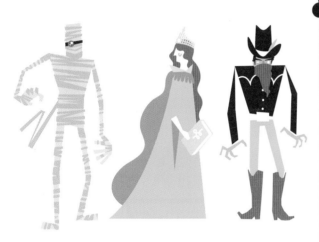

2 장르와 놀기

'장르genre'라는 말은 '유형'이나 '종류'를 뜻하는 프랑스어다. 영화의 장르는 공포 영화, 액션 영화, 코미디 영화 등 다양하다.

어떻게 촬영하느냐에 따라 영화를 웃기게도 무섭게도 만들 수 있다. 시각적인 요소만으로, 그리고 그 시각적인 요소들을 어떻게 늘어놓느냐로 관객을 웃길 수도 겁줄 수도 있다.

카메라를 들고 밖으로 나가 사건이 될 만한 일을 찾아보자. 그리고 어떤 장르로 찍을지 결정하자.

잠깐! : 누군가를 무서워 보이게 하고 싶다면 낮은 각도로 찍자(카메라를 피사체보다 아래로). 이렇게 하면 인물이 큼지막해지면서 불길해 보인다.

여행 관련 영화

동네와 도시는 영화에서 배경으로 등장하곤 한다.

크리스 콜럼버스 Chris Columbus
〈나 홀로 집에 2-뉴욕을 헤매다Home alone 2 : Lost in New York〉

맨해튼에 가 보지 않았어도 주인공 케빈과 함께 헤매고 다니다 보면 뉴욕을 속속들이 여행하는 것 같다.

데이지 본 쉐러 메이어 Daisy Von Scherler Mayer
〈매들린Madeline〉

미국 감독 메이어가 만든 이 영화는 친숙하고 따뜻한 도시 풍경과 더불어 파리 곳곳으로 관객을 초대한다.

지가 베르토프 Dziga Vertov
〈카메라를 든 사나이Man with a Movie Camera〉

러시아 감독 베르토프가 만든 이 영화는 가상 도시에서의 일상적인 하루를 그리고 있다. 1929년에 만들어진 이 영화를 보면 최초의 뮤직비디오를 보는 것 같다.

CHAPTER 3

아이디어를 시나리오로

음악가는 악기를 고르면서 시작하고, 무용가는 선율에 맞춰 몸을 움직이면서
시작한다. 영화감독은 어디에서 시작할까?

영화 제작은 대개 시나리오 쓰는 일에서 시작한다. 시나리오, 즉 영화 대본은 소설이나 시와는 다르다. 영화에 맞추기 때문에 형식이 다르다.

3분짜리 비디오는 누구나 찍을 수 있다. 그러나 영화는 단순히 카메라 전원을 켜는 것 이상의 복잡다단한 일이다. 시나리오를 쓰는 단계에서도 결정할 게 많다. 촬영 장소를 묘사해야 하고, 대사도 써야 한다. 또한 각 장면마다 보여 주고 싶은 내용에 초점을 맞춰야 한다.

영화 스토리는 시각적으로 들려주는 이야기다. 따라서 시각적으로 생각하며 글 쓰는 법을 익혀야 한다.

흥미로운 인물이나 독특한 장소를 상상하면서 시작할 수 있다. 영혼과 마음을 울리고, 특히 눈을 번쩍 뜨게 하는 곳으로 가 보자. 그리고 나서 여러분이 보고 상상한 것을 분명하게 글로 옮기는 연습을 하자. 신이 나서 그 길을 따라가다 보면 어느새 여러분의 첫 대본, 첫 영화를 만날 것이다.

이제 정말 세상과 자신을 탐험할 시간이다. 그러니 탐험가들처럼 두려움을 떨쳐 버려야 한다. 스스로를 검열하지 말자. 자신의 직감을 믿어야 새로운 시도를 할 수 있다. 여러분이 쓰는 글이 좋을지 나쁠지 미리 걱정하지 말자. 아이디어는 다 나름대로 가치가 있다. 아이디어를 이리저리 굴리며 즐기자.

영화는 여러분이 세상을 어떻게 바라보는지를 보여 준다. 그리고 여러분이 쓴 글은 자신의 경험이나 관점을 사람들과 어떻게 나누고 싶은가를 반영한다. 물론 글쓰기도 시간이 많이 걸리기 때문에 잘 참아 내야 한다. 시간을 들일 가치가 있는 일이다. 탄탄한 대본으로 시작한다면 울림 있는 영화를 만드는 일도 머지않았다.

시나리오에는
무얼 담을까?

시나리오는 영화로 만들 글이다.

감동적인 시나리오에는 일정한 구성 요소(형식이라고도 한다), 즉 배경, 장소, 인물, 대사, 지문, 구성이 있다. 시나리오를 쓰기 전에 마음에 새겨 두자.

배경

시나리오 전체뿐 아니라 각 장면이 '어디에서' 일어나는가를 말한다. 이야기는 늘 어딘가에서 일어난다. 시간을 결정하는 것과도 관련되므로 잘 생각해야 한다.

장소

배경보다 더 구체적이다. 장면은 시골에서든 도시에서든, 밖에서든 안에서든 찍을 수 있다. 집 안이라면 부엌인지 침실인지 아니면 다른 방인지 구체적으로 알려 주어야 한다.

인물

인물은 이야기에 등장하는 사람이다. 사람이 한 명도 안 나오는 영화를 생각할 수 있을까? (더러 있지만 아주 드물다.) 영화 속 인물은 주연이든 조연이든 모두 중요하다. 작가로서 여러분은 인물의 나이가 몇 살인지, 고향은 어딘지, 어디에 사는지, 어떤 옷차림을 하는지 생각해야 한다. 작가는 그럴듯한 새 인물을 만드는 데 꽤 시간을 쏟는다.

대사

영화 속 사람들은 대부분 대화를 나눈다. 대사가 많을 때도 있고 별로 없을 때도 있다. 길게 나눌 때도 있지만 그렇지 않을 때도 있다. 어떤 경우든 대사는 시나리오에서 핵심적인 요소다.

지문

영화 속 사람들은 어떤 행동을 한다. 비행기 조종처럼 행동이 크고 극적이든, 대화하면서 설거지하듯 행동이 작고 조심스럽든, 배우들에게 행동을 부여하는 것이 작가의 일이다. 매우 드물지만 영화 속 인물들은 둘러앉아 아무것도 안 하기도 한다.

구성

구성은 이야기를 짜는 방식이다. 예를 들면 이야기를 시간 순서대로 할 수 있다. 한 사건에 이어 다른 사건을 이야기하는 식이다. 이런 방식은 직선 같은 구성이다. 하지만 다른 방식도 있다. 이를테면 맨 처음에 결말부터 보여 준 다음 결말로 이끄는 사건들을 보여 줄 수 있다.

확인해 보자

다음에 영화를 볼 때는 구성 요소를 다 갖추었는지 확인해 보자.

시나리오는 어떻게 생겼을까?

시나리오에는 대사, 지문, 배경이 들어 있다.

아파트 안, 부엌, 낮

진수의 엄마 유나가 요리를 하고 있다.
그때 진수가 잠옷 차림으로 어슬렁대며 부엌에 들어온다.

유나 : 진수야, 잘 잤니? 샌드위치랑 오렌지주스 괜찮아?

진수는 아무 반응이 없다.

유나(계속 요리하며) : 진수야! 내 말 들어?

진수가 천천히 고개를 든다.

진수 : 기분이 별로예요. 저 그냥……

7

시나리오는 기초 공사와 같다

탄탄한 시나리오가 중요하다고 입이 닳도록 말하는 건 당연하다. 영화계에 이런 말이 있다.
"빈약한 시나리오에서 훌륭한 영화가 나올 수는 없다."

66 시나리오는 모든 영화의 토대를 이룹니다. 영화 작업의 출발점이 되죠. 영화가 건물이라고 생각하면 시나리오는 기초 공사와 같습니다. 건물을 지을 때처럼 영화를 만들 때도 기초 공사를 튼튼히 해야 합니다. **99**

— 알란 A. 골드스타인
미국의 시나리오 작가 겸 감독
〈어느 유태인 소년의 꿈The Outside Chance of Maximilian Glick〉

영화가 시작되는 곳

작가는 자기 경험을 돌아보며 소재를 찾을 때가 많다. 또 상상력을 발휘해서 그 소재에 살을 붙인다.

삶에 상상력을 불어 넣으면 재미있는 아이디어를 얻을 수 있다. 좋은 아이디어가 영화의 밑거름이 되려면 시각적 스토리텔링에 적합하도록 이야기를 만들어 내야 한다.

영화 속 사람들

재미있는 이야기처럼 인상적인 인물도 삶의 경험, 상상, 아니면 그 둘을 합친 데서 나온다. 그런 인물을 만들어 내려면 세심하게 관찰하고, 새롭게 바라봐야 한다. 아마 여러분은 가까운 사람이든 그냥 지나가는 사람이든 재미난 사람들을 꽤 많이 알고 있을 것이다. 한 명을 골라 버릇이나 태도를 꼼꼼하게 적으면서, 성격을 눈여겨보자. 나중에 이런 버릇이나 태도를 응용해 가상의 인물을 더 그럴듯하게 그려 낼 수 있다.

가령 친구 가운데 한 명을 바탕으로 인물을 만들기 시작했는데, 유별나고 궁금증을 불러일으킬 만한 특징이 필요할 수 있다. 그렇다면 이제 상상력에 본격적으로 시동을 걸 시간이다.

할머니 어렸을 땐 어땠어요?

가족이 겪어 온 역사는 이야기에 큰 밑천이 되곤 한다. 부모님, 할머니, 할아버지, 친척, 형제 가운데 몇 명은 믿기 힘든 이야기를 간직하고 있다. 어떤 이야기일까? 여러분은 할머니의 인생 이야기를 영화로 만들 수 있다.

끝없는 가능성

삶은 이야기의 무궁무진한 보물 창고다. 지금 당장 몇 가지가 떠오를지도 모르겠다. 목록을 만들자. 그리고 이야기 아이디어마다 옆에 자세한 사항과 어떤 점이 좋은지를 적어 놓자.

일단 목록을 만들었으면 한동안 목록을 가까이 두자. 천천히 생각을 거듭해 시원찮은 아이디어는 버리고, 쓸 만한 아이디어는 간직하자. 며칠 뒤에 스스로한테 물어보자. "여전히 흥미로운 아이디어는 뭘까?"

일기를 쓰자

일기는 자신을 표현하는 탁월한 방법이다. 그런데 영화감독이나 작가가 되는 데 무슨 도움이 될까? 일기는 시도 때도 없이 떠오르는 이야기 아이디어를 잊지 않도록 모아 두는 저장소다.

여러분의 아이디어는 중요하다. 아이디어도 꿈처럼 처음에는 의미를 헤아리기 힘들다. 하지만 글로 옮기고 나서 처음 아이디어로 되돌아가 보면 중요한 의미가 또렷해질지도 모른다.

의식적 접근과 무의식적 접근

부담감을 갖지는 말자. 만약 작가한테 물어보면 아이디어는 서로 다른 두 가지 모습으로 다가온다고 대답할 것이다.

1. 글쓰기를 직업으로 받아들인다. 이 말은 자리에 앉아 일하듯 쓰라는 뜻이고, 자신이 쓴 글이 좋은지 걱정하지 말라는 얘기다. 아무것도 못 쓰면 다시 쓸 것도 없다. 다시 쓰면 글은 나아지기 마련이다. 이것이 아이디어를 발전시키는 의식적인 접근이다.

2. 늘 뭔가를 지니고 다닌다. 그래야 아이디어가 떠올랐을 때 집중해서 재빨리 쓸 수 있다. 아이디어만으로

책 한 권을 써 낼 수도 있다. 흥미를 끄는 뭔가가 떠오를 때마다 바로 써 내려간다. 언제 어디서든 상관없다. 아이디어가 좋은지 안 좋은지도 중요하지 않다. 판단은 나중에 하면 된다. 이것이 아이디어를 발전시키는 무의식적인 접근이다.

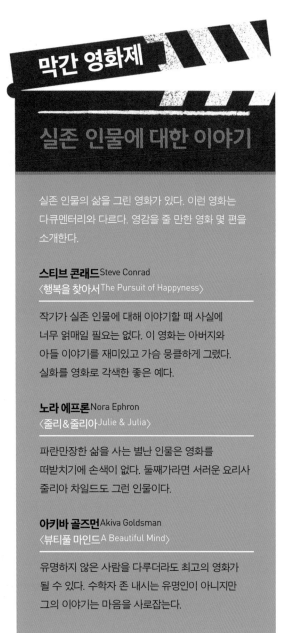

막간 영화제

실존 인물에 대한 이야기

실존 인물의 삶을 그린 영화가 있다. 이런 영화는 다큐멘터리와 다르다. 영감을 줄 만한 영화 몇 편을 소개한다.

스티브 콘래드 Steve Conrad
〈행복을 찾아서 The Pursuit of Happyness〉

작가가 실존 인물에 대해 이야기할 때 사실에 너무 얽매일 필요는 없다. 이 영화는 아버지와 아들 이야기를 재미있고 가슴 뭉클하게 그렸다. 실화를 영화로 각색한 좋은 예다.

노라 에프론 Nora Ephron
〈줄리&줄리아 Julie & Julia〉

파란만장한 삶을 사는 별난 인물은 영화를 떠받치기에 손색이 없다. 둘째가라면 서러운 요리사 줄리아 차일드도 그런 인물이다.

아키바 골즈먼 Akiva Goldsman
〈뷰티풀 마인드 A Beautiful Mind〉

유명하지 않은 사람을 다루더라도 최고의 영화가 될 수 있다. 수학자 존 내시는 유명인이 아니지만 그의 이야기는 마음을 사로잡는다.

대사
쓰기

대사를 맛깔나게 쓸 때 중요한 건
현실감이다. 비록 영화 속 대사가
실제는 아니더라도.

예를 들어 실생활에서 두 사람이 말다툼을
벌인다면 아마 한 시간은 끌 것이다. 영화 속
에서는 한 장면에 한 시간을 내어 줄 수 없
다. 시나리오 작가는 그 시간을 영화 상영 시
간으로 2분 정도 되게 줄여야 한다. 그래도
그 장면은 실제처럼 자연스러워야 한다.

늦게 들어가고 빨리 나온다

되도록 짧은 시간에 일어나는 각각의 장면을 써 보
자. 즉, 중요한 부분이 나오기 전에 대사 첫머리를
길게 써서는 안 된다. 인물들에게 꼭 필요한 대사
만 시키자. 그리고 그 대사를 마무리하면서 장면을
끝내자.

이렇게 해 볼까? : 녹음 장치를 가지고 (핸드폰도
좋고 소리를 녹음할 수 있는 거라면 뭐든 상관없다.)
가족이나 친구가 저녁 먹으면서 늘 주고받는 대화를
녹음해 보자. (먼저 녹음하고 있다고 알려 줘야 한다.)
그러고 나서 녹음 내용을 글로 옮겨 기록해 보자.
실제 대화가 어떻게 이루어지는지 이해할 수 있을
것이다. 말을 빙빙 돌려 시간이 한참 지난 뒤에야
요점에 이르는 경우도 자주 있다. 사실은 한 시간이나
대화를 나눠도 말을 거의 하지 않는 경우도 있다.
하지만 영화에서는 그렇지 않다. 작가는 현실이라면
한 시간은 족히 걸릴 대화에서 핵심을 뽑아 2분 안에
짜 넣어야 한다. 이런 게 바로, 실제가 아닌데도
자연스럽게 들리는 대사다.

누구나 독특한 말씨가 있다

말하는 방식은 인물의 많은 부분을 드러낸다. 등장
인물이 사투리를 쓴다면 지방에서 왔거니 짐작하
게 된다. 폭넓은 어휘를 자유자재로 구사한다면 교

육을 잘 받았거나 지적인 사람일 거라 생각한다. 그래서 대사를 쓸 때 인물의 출신과 배경을 두루 생각하는 일이 중요하다.

백지장도 맞들면 낫다

작업을 하나하나 꾸려 나가는 일, 새로운 아이디어를 내는 일, 매혹적이면서 재미있는 이야기를 글로 쓰는 일, 이 모든 걸 한 사람이 하기는 무리다. 그래서 시나리오 작가는 대부분 짝을 이뤄 작업한다. 공동 작업은 복잡한 면도 있지만 지루하지 않고, 혼자 쓸 때보다 더 풍부하게 이야기를 지어낼 수 있다. 게다가 글쓰기는 시간이 엄청 걸리기 때문에 혼자 몇 시간이고 쓰다 보면 꽤 외롭기도 하다.

타협과 협동

다른 사람과 함께 글을 쓰는 건 꽤나 까다로운 일이다. 일하는 습관이 다른 경우도 더러 있다. 한 사람은 아침에 일하기를 좋아하는 반면 다른 사람은 한밤중에 일하기를 좋아할 수도 있다. 한 사람은 쉬엄쉬엄 일하는 걸 좋아하는 반면 다른 사람은 일이 마무리될 때까지 쉴 새 없이 일하는 걸 좋아할 수도 있다. 하지만 서로 다른 관점은 시나리오를 풍성하게 한다는 점을 기억하자. 나와

똑같이 생각하고 똑같이 행동하는 사람과 일한다면 얼마나 따분할까?

막간 영화제

사람들이 하는 말

감명 깊은 대사는 여러 형태를 띤다. 이따금 영화 속 잊지 못할 명대사가 기억나는데, 짧고 강렬한 대사도 있고 길고 극적인 독백도 있다.

멜리사 매티슨 Melissa Mathison
〈이티 E. T. The Extra-Terrestrial〉

"이티, 집에 전화할래." 외계인 이티가 말하는 아주 짧고 단순한 이 대사를 누가 잊을 수 있을까? 이 대사에는 멀리 떠나 집으로 돌아가고 싶을 때, 우리 모두가 느끼는 마음이 담겨 있다.

데이비드 M. 에번스&로버트 건터 David M. Evans & Robert Gunter
〈리틀 야구왕The Sandlot〉

야구를 즐기는 아이들의 이야기를 담은 영화다. 영화 속 대사는 여러분이 태어나기도 전인 1962년 미국 캘리포니아 시골 마을을 그려 내고 있다.

스파이크 존즈&데이브 에거스 Spike Jonze & Dave Eggers
〈괴물들이 사는 나라Where the Wild Things are〉

모리스 센닥의 동화를 영화로 만든 작품으로, 소년 맥스의 상상 속 여행을 그려 냈다. 이 영화는 아주 커다란 이야기보따리를 풀어 놓기 위해 대사를 아주 적게 쓴 예다.

액션, 갈등,
그 밖의 중요한 시나리오
요소들

액션 하면 흔히
자동차 충돌이나
총격전, 주먹다짐, 섬뜩한
폭력 장면을 생각한다.
분명 그런 게 액션 장면이다.
하지만 다른 액션도 있다.

갈등이 곧 드라마, 드라마가 곧 갈등

좋아하는 영화를 생각해 보자. 그 영화 속 인물과
이야기도 떠올려 보자.

흥미진진한 영화라면 누군가 일을 벌인다. 영화 속
세상이 돌아가는 동안 가만히 앉아 아무 일도 안
하는 인물은 없다. 코미디라 할지라도 긴장감이 있
으면 더 흥미롭다. 손에 땀을 쥐게 하는 드라마는
대개 갈등하는 인물을 그린다.

갈등 : 그냥 싸움이 아니다

거의 모든 영화에서 누군가는 원하는 게 있다. 그
리고 대개 장애물이 가로막고 있다. 이 장애물이
갈등을 일으키는 핵심이다. 예컨대 한 소녀한테 관
심을 받고 싶은 소년, 또는 산에 오르고 싶은 사람
이 있다. 별 어려움 없이 소년이 그 소녀한테 관심
을 얻거나 그 사람이 산에 오르는 장면을 보는 건
그다지 흥미롭지 않다. 하지만 장애물을 중간에 놓

거나 등장인물한테 반드시 극복해야 하는 문제가 생긴다면, 글쓰기도 재미있고 관객한테 사랑도 받는 진정한 드라마를 탄생시킬 수 있다.

대단원

영화가 시작되면 인물과 주요 갈등을 소개받는다. 영화 중반에 이르면 일어나는 사건은 다 보게 된다. (긴장을 쌓아 나가는 부분이기 때문에 '전개rising action'라고도 한다.) 그리고 마지막에 이르러 갈등이 해결되거나 그렇지 않거나 한다. 이를 '대단원'이라고 한다. 대다수 이야기가 기본적으로 이렇게 흘러간다.

몸짓

폭력이나 격렬한 액션 장면을 낳는 동작만 있는 게 아니다. 생각이나 느낌, 욕구를 관객한테 보여 주려고 인물이 하는 소소한 동작도 있다. 요리를 하

거나 음식을 먹는 동작부터 짜증 날 때마다 계속 머리카락을 손가락으로 돌돌 마는 사소한 버릇까지 뭐든 할 수 있다. 이런 몸짓을 통해 인물을 흥미롭게 그리면서 성격을 드러낼 수 있다. 영화에서 인물은 늘 몸짓을 한다.

세밀하게 그리자

이 말은 사람이 사는 곳에도 적용된다. 집은 다 다르다. 그래서 이야기에 나오는 집은 또렷하게 묘사해야 한다. 현대식일까? 옛날식일까? 비싼 새 가구로 꾸밀까? 아니면 볼품없는 낡은 가구로 할까? 책은 많을까? 아니면 한 권도 없을까? 사람이 사는 장소도, 무엇으로 채울지도 무척 중요하다. 장소는 인물에 대해 많은 것을 보여 주니까 말이다.

겉모습 : 인물의 옷차림 하나하나가 의미 있다

인물마다 몇 살인지, 어떤 옷차림을 하는지 알아야 한다. 이도 저도 아닌 인물은 없다. 예를 들면 여러분은 누군가를 전형적인 옷차림의 10대로 묘사하고 싶지 않을 것이다. 같은 10대라도 열세 살과 열아홉 살이 다르고 어느 누구도 틀에 박힌 옷차림을 하지는 않으니까. 비록 옷차림이 비슷하다 해도 저마다 개성이 있기 마련이다.

단편 영화 시나리오 쓰기
기본 사항 몇 가지

시나리오를 쓰는 데 도움이 될 조언과 제안을 몇 가지 하고자 한다.
이대로 꼭 따를 필요는 없지만, 여러 아이디어를 어떻게 합치는지 아는 데 도움이 될
것이다. 시나리오 작가는 규칙과 형식을 알지만 이따금 벗어나기도 한다.

시작하기 전에 꼭 챙길 것

- 일기
- 이야기 아이디어 모음
- 그동안 적어 놓은 쪽지와 메모 전부

잠깐! 두세 쪽 분량으로 주인공의 일대기를
써 보자. 그러면 그 인물을 하나부터 열까지
다 안다고 확신하게 될 것이다.

3단계

실제 배경을 지어내자. 등장인물은 어디에서 살까? 이
야기는 어디에서 일어날까? 도시에서? 시골에서?

4단계

주인공한테도 가족과 친구가 있다. 누굴까? 이야기에
서 중요한 역할을 맡을까? 그럼 누가 중요할지 정하
자. 시나리오에 또 다른 인물이 나올까?

1단계

지금까지 써 온 글을 모두 읽어 보자. 좋은 아이디어가
금방 떠오르는가? 머릿속을 맴도는 이야기 아이디어
가 있는가? 그게 바로 소재다. 이 소재를 눈앞에 가져
와 보자.

2단계

주인공을 정하자. 이 인물이 가장 원하는 건 뭘까? 갖
고 싶은 게 있을 수도 있고, 누군가를 원하거나 삶 속
의 다른 무언가를 바랄 수도 있다.

5단계

목적을 지닌 주인공을 만들어 냈다면 이제 장애물을
생각해 내자. 즉, 도저히 이겨 낼 수 없어서 주인공을
좌절하게 할 것 같은 무엇인가를 만든다. 장애물은 사

람이나 상황, 주인공의 인간적인 결함이 될 수도 있다. 무엇으로 정하든 무척 사실적이어서 주인공이 바라는 걸 절대 못 얻으리라는 생각이 들게끔 해야 한다. 이 부분을 잘 지어내면 흥미로운 갈등과 긴장으로 무장한 시나리오를 짤 수 있다.

6단계

서로 이어지는 장면을 쓰자. 그래야 이야기가 된다. 이렇게 생각해 보자. '처음에 이 일이 일어나고 그다음에 저 일이 일어난다. 그러면 남자는 이렇게 하고 여자는 저렇게 한다. 그리고 마침내 두 사람은 요렇게 한다.' 우리가 이야기하는 방식이기도 하고 시나리오가 진행되는 방식이기도 하다. 이를 '줄거리'라고 한다.

짧을수록 좋다

감독은 대부분 단편 영화로 첫발을 내딛는데 여기에는 여러 가지 타당한 이유가 있다.

단편 영화를 찍으면, 우선 무엇이든 시도할 수 있다. 또 수십억 원을 날릴 염려도 없어서 실수하더라도 아무도 신경 쓰지 않는다. 그냥 다음 단계로 넘어가면 된다.

영화계에서는 이렇게 말하기도 한다. 단편 영화를 찍으면서 면허증을 딴 셈이라고. (게다가 단편 영화를 찍으면서 뜻밖의 경험도 할 수 있다. 세계 곳곳에서 수많은 단편 영화제가 열리므로 정말 좋은 영화를 만든다면 전 세계에서 상영할 수 있다.)

막간 영화제

시간은 짧고 재미는 길다

단편 영화는 장편 영화만큼 주목을 받지는 못한다. 하지만 매년 수없이 만들어진다. 또한 짤막하기 때문에 감독이 시간이나 돈을 많이 안 들이고도 새로운 시도를 할 기회가 된다.

윌리엄 조이스&브랜든 올덴버그 William Joyce & Brandon Oldenburg
〈미스터 레스모어의 환상적인 책 여행 The Fantastic Flying Books of Mr. Morris Lessmore〉

이 단편 애니메이션 영화는 2012년 아카데미에서 작품상을 받았다. 즐겁고 감동적인 이야기지만 대사는 한 마디도 없다. 말하지 않고 보여 주는 영화에 꼭 맞는 예다.

데이비드 카디즈 David Cadiz
〈오웬의 모험 Adventure of Owen〉

캐나다 험버 대학의 학생이 만든 이 영화는 토론토 영화비평협회가 주는 2010년 학생 부문 베스트 영화에 뽑혔다. 주로 액션으로 이루어졌다.

요한 브리싱어 Johan Brisinger
〈심장 소리 Passing Hearts〉

토론토 영화비평협회 2010년 학생 부문 베스트 영화의 또 다른 수상작. 심장 이식을 받은 열네 살 소년이 기증자 부모를 만나는 감동적인 이야기다.

고쳐 쓰기를 시작하자

전문 작가들 사이에는 이런 말이 있다. "글은 고칠수록 좋아진다." 고쳐 쓰면서 시나리오를 하나부터 열까지 갈고 닦을 수 있다. 그러니 초고가 투박하고 형편 없다는 생각이 들더라도 걱정하지 말자. 이제부터 더 나아지도록 다듬으면 되니까.

점검표

고쳐 쓰라고 말하기는 쉽지만 실제로는 그리 쉽지 않다. 여기 집중해서 살펴봐야 할 사항이 몇 가지 있다.

등장인물

묘사는 세밀한가? 인물마다 나이, 신체 특징, 옷차림 새, 습관, 이름 같은 사항이 들어가 있어야 한다.

대사

너무 많거나 너무 적지는 않은가? 인물마다 나름대로 말씨가 있어 배경과 사고방식을 반영하고 있는가? 자연스럽게 들리는가?

사건

이야기가 진행되는 동안에 사건이 일어나는가? 아니면 사건이 다 일어나고 나서 이야기가 시작되는가? 배경 사건들이 다 일어났다면 이야기를 더 일찍 시작해야 한다는 신호일 수 있다.

중요한 질문

• 이야기가 말이 되는가? 시나리오를 쓴 사람은 당연히 말이 된다고 여길 것이다. 하지만 설명이 없어도 다른 사람한테 의미가 통하는가?

• 이야기를 정확하고도 간결하게 전하고 있는가?

잠깐!: 오늘 할 일을 내일로 미루는 습관은 작가한테 가장 나쁜 적이다. (물론 이해는 한다. 나도 늘 그러니까.) 예비 단계(일기에 아이디어를 쓰는 것 같은)가 지나 시나리오 작업을 실제로 하고 있다면, 작업을 마무리하기 가장 좋은 방법은 매일 의자에 앉아 글을 쓸 시간을 따로 정해 놓는 것이다.

보여 줘, 말하지 말고

"보여 줘, 말하지 말고."는 시나리오에서 꼭 명심해야 할 말이다. 관객한테 어떤 이야기를 그냥 들려주기보다는 보여 주는 게 더 낫다는 말이다. 예를 들어 어떤 인물이 행복하다면 행복감을 보여 주어야 한다. 웃음을 터트린다든지 주위를 돌아다니며 춤을 춘다든지 친구를 부둥켜안는다든지 해서. 그냥 "행복해."라고 말해선 안 된다. 이것은 관객한테 보여 주지 않고 들려주는 것이다.

눈으로 봐야 한다

시나리오를 더욱 탄탄하게 쓰고 싶다면 '느낀다' 또는 '생각한다'라는 말을 쓸 때가 언제인지 찾아보자. 인물에 딱 맞는 행동을 새롭게 생각해 내자. 예를 들어 준호가 굉장한 일을 찾았다고 해서 단순히 열광적으로 '느낀다'고 쓰지 말자. 얼마나 기쁜지 보여 줄 수 있는 행동을 묘사하자. "준호는 두 주먹을 불끈 쥐고 하늘을 향해 번쩍 치켜들고는 엉덩이를 흔들며 저녁을 먹으러 부엌으로 들어왔다."라고.

나의 첫 시나리오 작업

나는 항상 시나 소설 같은 글을 써 왔지만, 훈련이 잘 되어 있지는 않았다. 기분 내키는 대로 짧은 시

간 동안 많이 쓰기도 하고, 몇 달 동안 한 줄도 안 쓸 때도 있었다. 몇 년 동안 연기를 하고 나자 시나리오가 쓰고 싶어졌다. 하지만 늘 하던 방식으로는 시나리오를 쓸 수 없다는 걸 깨달았다. 그래서 마음을 단단히 먹고 매일 도서관에 가서 글을 썼다. 줄곧 글만 쓴 건 아니었다. 때때로 공상을 하거나 책을 들춰보기도 했다. 하지만 한 달 뒤에는 첫 시나리오를 온전히 끝낼 수 있었다.

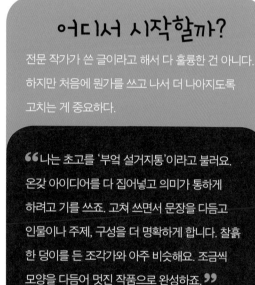

어디서 시작할까?

전문 작가가 쓴 글이라고 해서 다 훌륭한 건 아니다. 하지만 처음에 뭔가를 쓰고 나서 더 나아지도록 고치는 게 중요하다.

> **66** 나는 초고를 '부엌 설거지통'이라고 불러요. 온갖 아이디어를 다 집어넣고 의미가 통하게 하려고 기를 쓰죠. 고쳐 쓰면서 문장을 다듬고 인물이나 주제, 구성을 더 명확하게 합니다. 찰흙 한 덩이를 든 조각가와 아주 비슷해요. 조금씩 모양을 다듬어 멋진 작품으로 완성하죠. **99**
>
> — 마르크 아히텐베르크
> 시나리오 작가 겸 편집자

호평&혹평

'이만 하면 괜찮을까?'
우리는 늘 스스로에게 이 질문을
던지며 알고 싶어 한다. 그래서
시나리오에 대한 비판과 칭찬이
포함된 피드백을 받게 된다.

이따금 비판은 받아들이기 힘들다. 자신이 쓴 글이
늘 사랑받길 원하니까. 하지만 시나리오에서 어떤
부분이 쏠 만한지, 어떤 부분이 부족한지 아는 건
정말 중요하다. 글은 다 고쳐 쓴 것이므로, 사람들
이 어떤 점을 고쳐야 한다고 생각하는지 조언을 받
아들이는 게 좋다.

비판을 받아들이기 위한 마음가짐

아무리 노련한 시나리오 작가라도 비판을 듣는 건
껄끄럽다. 그래서 피드백을 받을 때 따라야 할 기
본 규칙과 명심해야 할 점이 몇 가지 있다.
시나리오가 좋든 나쁘든 아니면 그 중간 어디쯤이
든, 작가라면 늘 진실을 말하는 독자들과 돈독하게
관계를 맺어야 한다. 그들이 독자로서는 최고니까.

1. 사람들은 여러분이 쓴
   시나리오에 대해 말하고
   있지, 여러분 인격에 대해
   말하는 게 아니다.

2. 사람들이 하는
   말에 마음을 열자.
   도와주려는
   것뿐이다.

3. 칭찬은 즐기자.
   하지만 비판은 곰곰이
   생각해 보자.

4. 어떤 의견을 받아들일지 정하자.
   시나리오에 대해 가장 잘 아는
   사람은 바로 자신이다.
   여러분은 장점과 단점은 물론
   시나리오에 대해 가장 온전히
   구상하고 있는 사람이다.

5. 단어 하나하나가 꼭 들어맞고
   손볼 데가 하나도 없다고 말하는
   친구를 경계하자. 정말 그렇다는
   뜻이 아닐 테니까. 완전무결한
   시나리오는 이 세상에 없다.

6. 고맙다고
   꼭 말하자.

시나리오를 시험해 보자

여러 사람한테 각자 역할을 맡겨 큰 소리로 시나리오를 읽어 보자. 친구들한테 함께 하자고 부탁하자. 아마 재미로라도 함께 할 것이다. 모두 테이블에 빙 둘러앉아 역할을 하나씩 맡자. 그리고 대본 읽는 걸 녹음하자. 나중에 다 쓸모가 있다.

그러면 이야기가 잘 굴러가는지, 아직 더 고쳐 써야 하는지 깨닫게 될 것이다. 인물 하나하나, 대사 한 줄 한 줄, 전체 구성이 한눈에 들어올 것이다. 장점과 단점을 찾으면 다시 고쳐 쓸 때 방향을 잡기가 훨씬 수월하다.

끝날 때까지 끝난 게 아니다

시나리오는 카메라 앞에 서는 순간까지 끊임없이 고칠 수 있다. 그렇다고 영원히 쓰고 또 쓸 수만은 없다. 그렇다면 "됐어. 이제 찍으면 돼!"라고 말할 수 있는 때를 어떻게 알까?

과학적인 공식은 없지만 다음 몇 가지 사항을 기준으로 삼을 수 있다.

1. 이렇게 고치면 나아질 거라고 더 의견을 내는 사람이 아무도 없다.
2. 이야기 짜임새가 괜찮다는 직감이 든다. 발단과 전개, 그리고 만족스러운 대단원까지.
3. 스스로 마감일을 정했고, 그 마감일이 바로 지금이다.

과연 완성할 수 있을까?

시나리오를 완성하는 때가 딱 언제라고 못 박는 건 어렵다. 시나리오 작가는 더 손댈 수 없을 때까지 글쓰기를 멈추지 않으려고 하니까.

❝영화를 다 찍을 때까지는 시나리오 작업이 끝났다고 할 수 없습니다. 나는 영화 시나리오와 텔레비전 대본을 쓰고, 단편 영화도 두 편 직접 만들었죠. 여러분은 아마 마지막 순간까지 고치고 있을 겁니다.❞

— 카트리나 사빌
작가, 감독, 시나리오 감독

스토리보드
시나리오가 살아 움직이다

스토리보드란 무엇일까? 카메라로 찍을 때 화면에서 어떻게 보여야 할지 스케치한 그림을 모아 놓은 것이다.

"어쩌죠? 그림을 못 그린다고요!"

그림을 못 그린다 해도 스토리보드는 아주 중요하다. 그림을 잘 그린다면 더할 나위 없겠지만 잘 그리지 못한다면 막대 그림으로 그려도 된다. 엄밀히 따져서, 스토리보드 작업에서 할 일은 시나리오에 있는 행동을 한 장면 한 장면 나누는 것이다. 할리우드에서 제작하는 대형 영화도 이렇게 한다. 스토리보드를 통해 영화 화면이 어떻게 나올지 처음으로 엿볼 수 있다. 스토리보드는 건물 설계도와 비슷하다.

1. 스토리보드를 이렇게 그릴 수 있다.

2. 그림을 못 그려도 걱정하지 말자. 이렇게 그려도 괜찮다.

이렇게 해 볼까? : 좋아하는 영화에서 한 장면을 따오자. 그 장면을 각각 더 작은 구성 단위, 즉 숏shots으로 쪼개자. 숏을 죽 늘어놓은 다음, 장면을 염두에 두고 스토리보드를 그려 보자. 이렇게 하면 스토리보드 그리는 법도 배울 수 있고, 실제로 전문가가 장면을 어떻게 구성하는지 이해할 수도 있다. 예를 들어 액션 영화를 좋아한다면 엄청 격렬한 액션 장면을 따와 그 장면만 스토리보드를 그려 보자. 액션이나 관심 있는 다른 부분도 어떻게 찍는지 배울 수 있다.

4. 스토리보드에 맞게 소리를 편집하자. 매끄럽지 않아도 된다. 어떤 대화가 어느 장면에 어울리는지 알아내어 함께 편집하자. 아주 기본적인 편집 <u>프로그램으로도</u> 할 수 있다.

이 작업을 다 했다면 다음엔 뭘 할까? 자, 이제 영화의 첫 편집본이 손에 들려 있다. 엄청 흥분되는 일임에 틀림없다.

상상력을 발휘할 때다, 즐기자!

스토리보드도 시나리오와 비슷하다. 정말 수도 없이 고친다. 영화감독한테 이 시간은 무척 흥미진진하다. 영화가 어떻게 나올지 눈에 보이기 시작하기 때문이다. 머릿속에 떠오르는 아이디어는 무엇이든 시각적으로 바꿔 보자. 영화감독은 독특한 아이디어를 그렇게 내놓는다. 상상력이 제멋대로 날뛰게 내버려 두자.

자, 이제 영화다!

스토리보드가 맘에 든다면 영화를 찍기 전에 몇 가지를 더 준비하자.

1. 카메라를 들고 스토리보드에 그린 프레임을 따로따로 찍는다. 프레임이 적어도 10초는 이어지게 하자.
2. 친구들과 시나리오를 읽을 때 녹음해 둔 소리를 가져오자.
3. 스토리보드 그림과 녹음한 소리를 둘 다 컴퓨터에 넣어 보자.

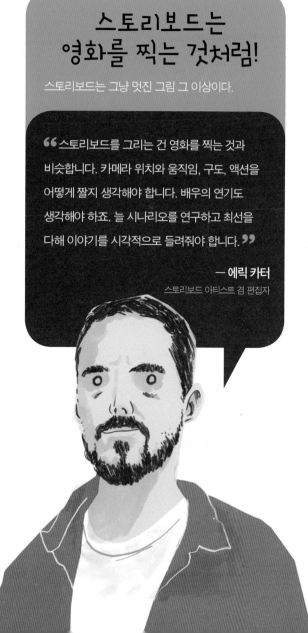

스토리보드는 영화를 찍는 것처럼!

스토리보드는 그냥 멋진 그림 그 이상이다.

“스토리보드를 그리는 건 영화를 찍는 것과 비슷합니다. 카메라 위치와 움직임, 구도, 액션을 어떻게 짤지 생각해야 합니다. 배우의 연기도 생각해야 하죠. 늘 시나리오를 연구하고 최선을 다해 이야기를 시각적으로 들려줘야 합니다.”

— 에릭 카터
스토리보드 아티스트 겸 편집자

CHAPTER 4

조명, 카메라, 액션

손에 시나리오가 들려 있다. 훌륭한 시나리오다. 잘만 만들면 굉장한 영화가
될 거라고 확신한다. 의욕은 넘쳐흐르는데 어떻게 하면 될까?
이제 함께 일할 사람과 배우를 고를 시간이다.

좋은 영화는 마법과 같다. 하지만 마법사 혼자 힘으로는 영화를 만들 수 없다. 영화는 여러 사람이 함께 해야 하는 일이 엄청 많다. 게다가 전 세계 곳곳에서 만들어지고 있다. 기술, 음악, 패션처럼 영화도 수많은 사람이 협력하여 일하는 거대한 산업이다. 이 사람들 사이에 공통점이 한 가지 있다면, 어느 순간 "정말 이 일은 딱 내가 하고 싶은 일이야."라고 말한다는 점이 아닐까?

영화를 만드는 일은 작은 마을에서 일하는 것과 비슷하다. 모두가 관계를 맺고 의지한다. 즉, 각자가 서로를 필요로 한다. 마을에는 시장, 빵 굽는 사람, 야채 장수, 소방관, 경찰관, 교사, 자동차 판매원, 은행가 등이 있다. 영화 세트장에도 감독을 비롯해 배우, 촬영 감독, 녹음 기사, 소품 담당, 메이크업 아티스트 등 일일이 열거하기 힘들 정도로 많은 사람이 있다. 그리고 서로서로 관련을 맺고 있다.

녹음 기사는 촬영 감독이 하는 일을 알아야 한다. 촬영 감독은 배우와 무척 긴밀하게 얽혀 일한다. 배우는 감독의 지시에 따라야 한다. 모두 하나가 되어 일해야만 한다. 하지만 동시에 각자 자신이 맡은 일도 잘해 내야 한다.

이런 생각으로 여러분의 영화를 함께 제작할 집단을 만들어 내면 된다. 열정을 함께 나눌 친구를 찾자. 혼자서는 할 수 없다. 영화는 공동 작업, 함께 일하는 것이다.

체계를 세우자

제시간, 정해진 장소에 한 사람도
빠짐없이 모으려면 어떻게 해야 할까?
무슨 일부터 할지 어떻게 알까? 배우와
제작진의 식사는? 영화를 만드는
일에는 체계가 필요하다.

시나리오 분석
전문적인 영화 세트에서는 제작 책임자<sup>production
manager</sup>가 시나리오 분석을 한다. 여러분의 영화에
서는 아마도 여러분이 직접 이 작업을 할 것이다.
그러면 시나리오에서 뭘 분석해야 할까? 시나리오
가 너덜너덜해지도록 여러 번 살펴본 다음에는 이
런 일을 해야 한다.

• 이름, 성별, 나이를 적은 등장인물 목록을 만들자.

• 촬영 장소 목록을 뽑아 각 장소가 실내(집 안)인지
실외(집 밖)인지 적어 넣는다.

• 촬영할 때 인물이 지녀야 하는 특별한 소품 목록을

뽑는다. 인물이 기타를 들고 걸어 다닌다면 기타를
목록에 넣는 식이다. 두 인물이 함께 차를 마신다면
차도 목록에 넣어야 한다.

• 각 장면마다 숏이 몇 개인지 세어 보자. 스토리보드를
참고할 수 있다.

• 낮에 찍을 장면과 밤에 찍을 장면 수를 세어 보자.

제작 파일 ^{production binder}

영화를 만드는 데 아주 중요한 일을 이제 시작해야
한다. 제작 파일을 만드는 일이다. 제작 파일에는
어떤 내용이 들어가야 할까? 시나리오, 스토리보
드, 시나리오 분석표, 예산안, 그리고 영화와 관련
된 온갖 잡다한 메모가 들어간다.

일일 촬영 계획표 ^{call sheet}

정확한 시간에 한 장소로 사람들을 다 모으려면 촬
영 계획표가 필요하다. 일일 촬영 계획표는 영화를
찍을 장소, 등장하는 인물과 찍는 시간, 작업이 끝
나는 시간, 점심 식사 장소와 시간 등 온갖 중요한

정보가 들어 있는 서류이다. 사람들은 촬영 장소와 시간에 맞춰 마법처럼 나타나지 않는다. 세세하게 알려 줘야 한다.

일정을 짤 때의 기본
언제 찍는지 어떻게 알까? 실내에서 찍는다면 답은 간단하다. 편한 시간에 찍으면 된다. 그런데 실외에서 찍을 때는 배우나 제작진 모두에게 언제가 편할지, 시나리오가 요구하는 시간은 하루 중 어느 때인지, 촬영 장소를 언제 확보할 수 있는지 등을 다 따져 봐야 한다.

"으아악! 움직이면 다 돈이야!"
사실이다. 하지만 진땀 뺄 필요는 없다. 여러분이 찍을 첫 영화가 수십억 원까지 들지는 않을 테니까. 아마 수백만 원도 안 들 것이다. 어쩌면 수십만 원도 안 들지 모른다. 왜냐고? 여러분은 꾀바르고 공손하니까. 돈을 들일 게 아니라 부탁하고 또 부탁하면 된다.

예산을 짜자
영화를 찍자면 어쩔 수 없이 돈을 써야 할 일이 생긴다. 이 사실을 받아들이고 현실에 맞게 예산을 짜 보자.

음식 준비
다른 비용이라면 몰라도, 음식에는 돈을 쓸 계획을 세우자. 그래야 여러분이 얼마나 고마워하는지 배우나 제작진이 알 수 있으니까. 가령 친구들이나 가족을 아침 7시까지 촬영 장소로 와 달라고 부탁해야 할 경우가 있다. 아름다운 일출 장면을 찍기 위해 꽤 많은 사람이 필요해서다. 이럴 때 맛있는 간식을 촬영 장소에 준비해 놓는 게 좋다.

예산은 어떻게?
먼저 돈이 얼마나 있는지 계산해 보자. 그리고 돈이 전부 얼마 들지, 또 각 항목별로 얼마 들지 계산해 보자.

돈은 융통성 있게
이따금 의상에 돈이 더 들어갈 때가 있다. 그러면 다른 예산 항목에서 빌려 올 수 있다. 예산은 제작에 중요한 부분이다. 다른 영화 작업과 마찬가지로 창의력을 발휘하자.

꿈은 이루어진다

이제 여러분은 감독이다. 야호!
그런데 잠깐, 감독이 뭘까? 그러니까
감독은 이렇게 말하는 사람이다.
"조명! 카메라! 액션!"
그리고 이 외에도 산더미처럼 쌓인
일을 해야 하는 사람이다.

잠깐! : 감독이 되고 싶다고? 영화를 찍기 전에 배우와 함께 일하는 경험을 되도록 많이 쌓아 보자. 배우만이 하는 일을 정말 이해하고 싶다면 직접 배우가 되어 보자. 카메라 앞에 서 보자. 망설이지 말고 당장 역할을 연기해 보자. 배우한테 연기를 지시하는 법을 배울 수 있는 가장 좋은 방법이다.

하지만 무엇보다도 감독은 이야기를 시각적으로 풀어내는 사람이다. 감독은 다음에 나열하는 여러 역할 가운데 하나 혹은 그 이상을 그때그때 해야 한다.

- 전체를 이끈다.
- 운영을 책임진다.
- 마음을 보살핀다.
- 연기를 지도한다.
- 기강을 세운다.
- 영화 작업의 정석을 보여 주는 빛나는 모범이 된다.

영화 작업을 함께 하는 사람들을 위한
짧고 굵은 규칙
8

1. 지각하지 말자.
2. 늘 즐거운 마음으로 일하자.
3. 맡은 일을 잘하자.
4. 다른 사람이 맡은 일을 잘하도록 돕자.
5. 말없이 자리를 뜨지 말고, 허락을 받자.
6. 항상 조용히 말하자.
7. 배우들이 연기할 때는 입을 꼭 다물자.
8. 일과를 마치고 나면 모두에게 수고했다고 말하고, 해야 할 일을 다 했는지 확인하자.

그리고 잊지 말 것!
감독으로서 여러분은 위의 규칙을 늘 충실히 지켜 올바른 작업 습관의 모범이 되어야 한다. 그렇게 하면 모두가 잘 따를 것이다.

처음 해 보는 감독
감독이라면 누구나 처음으로 지시를 내리는 순간이 있다. 사실 많은 사람이 매사를 감독에게 물어보고 지시대로 움직이게 하는 일은 쉽지 않다.

66 맨 처음 촬영장에 서면 약간 겁도 나고 흥분도 되지요. 제작진을 굳게 믿는 마음이 중요합니다. 그러면 걱정이 조금 줄어들어요. 폭풍이 휘몰아치기 전 고요와 같습니다. 이제 숨을 깊게 들이쉬고 '할 수 있다'는 자신감을 가지세요. 그리고 예기치 못한 일에 단단히 대비하면 됩니다. 99

— 데이비드 카디즈
작가, 감독, 시각 효과 담당

제작진
친구나 가족, 낯선 사람과 함께 일하기

돈이 없으면 누구랑 영화를 찍을까?
바로 가족과 친구들이다.

그들이 기꺼이 도와줄 테니까. 하지만 가까운 사람들과 함께 일하는 건 생각처럼 쉽지 않다. 여러분은 그들과 마냥 어울려 놀 수 없기 때문이다. 감독으로서 끝마쳐야 할 일이 한두 가지가 아니고 산더미 같다. 여러분은 온갖 일을 해결해야 하고 주위 사람들한테 별별 일을 다 부탁하게 될 것이다.

기본 원칙 몇 가지

- 사람들에게 영화 관련 사항을 정확하게 말하자. 새벽 5시에 촬영이 시작되기도 한다, 예산이 별로 없다, 빗속 야외 촬영이 있다 등등.

- 어느 누구도 께름칙한 기분으로 일하게 해선 안 된다. 누군가를 설득시켜야 한다면 나중에라도 문제가 생긴다.

- 전문가가 아니더라도 전문가처럼 행동하자.

- 내켜 하지 않는 사람이 있더라도 그냥 넘어가자. 열정으로 가득한 참가자가 일을 더 잘하는 법이니까.

어디서 찍을까?

여러분 가족의 건물이나 집을 빌릴 수 있다면 간단하다. 크나큰 양해를 구해야 하는 일이지만 시도해

잠깐! : 영화 스토리에 영향을 안 미친다면, 찾기 가장 쉬운 곳으로 촬영 장소를 바꿔 보자. 아파트 꼭대기 층을 원할 수도 있지만, 가족 침실도 괜찮다면 그냥 쓰자.

볼 만하다. 이동 시간과 예산을 크게 아낄 수 있고 부엌이나 침실, 지하실 같은 촬영 장소를 애써 찾아다니지 않아도 된다.

현지에서 촬영하기

여러분의 집이든 다른 곳이든 현지에서 촬영할 때 지켜야 할 첫 번째 규칙은, 촬영 시작 전보다 더 말끔하게 치워 놓고 자리를 뜨는 것이다. 때로는 가구를 이리저리 옮겨야 하고, 음식을 차릴 때도 있고, 여러 가지 일을 벌여야 할 때도 있다. 그래도 떠날 때는 티끌 하나 없이 치워 놓아야 한다. 왜냐고? 주된 이유로 두 가지를 들 수 있다. 우선, 그러는 게 프로다운 일 처리다. 둘째, 다시 그 장소에서 촬영하고 싶다면 이런 말을 들어야 할 테니까. "좋아요. 지난번에 아주 깨끗이 치워 놓았더군요."

촬영 장소를 못 쓰게 망가뜨리면 이제 그곳에서 다시는 촬영할 수 없을지도 모른다.

막간 영화제

영화 제작에 대한 영화

다음 영화는 서로 아주 다르다. 하지만 다 영화에 대한 영화다.

미셸 공드리 Michel Gondry
〈비카인드 리와인드 Be Kind Rewind〉

비디오 가게에서 일하는 엉뚱한 두 점원을 그린 영화. 두 사람은 어쩌다 영화를 꽤 여러 편 지우게 됐는데 지운 영화를 되돌려 놓으려고 그 영화를 다시 찍는다는 내용이다.

진 켈리&스탠리 도넌 Gene Kelly & Stanley Donen
〈사랑은 비를 타고 Singin' in the Rain〉

지금껏 대중의 사랑을 한 몸에 받는 명작 가운데 하나. 할리우드와 영화 제작사를 배경으로 하고 있다. 영화 장면 뒤에서 어떤 일이 일어나는지 많이 배울 수 있다.

피터 크레이그 Peter Craig
〈다크 닌자 최후의 죽음 The Climactic Death of Dark Ninja〉

이 짧은 영화는 학생 여럿이 영화 마지막 장면을 찍으려고 고군분투하는 이야기를 담았다. 영화를 만들려는 열정과 유머를 생생하게 그려 냈다.

연기자

연기가 빛나면 작품의 질이 훨씬 높아진다. 반면 연기가 형편없으면 감독인 여러분의 삶마저 비참하고 절망스럽게 느껴질 것이다.

감독은 주로 배우들과 함께 일한다. 이 점은 감독으로서 크나큰 즐거움이기도 하다.

연기자와 함께 일하기

감독은 배우들과 어떻게 일할까? 리허설과 촬영 중에 서로 소통하고 의견을 주고받으면서 믿고 함께 한다.

감독은 배우한테 의견을 어떻게 줘야 할까? 반드시 구체적이어야 한다. 막연해선 안 된다. 무엇이 좋고 나쁜지 직접적인 설명 없이 그냥 "좋아."라거나 "별로."라는 말은 혼란만 부추길 뿐이다. 사실 "좋아."처럼 한쪽으로 치우친 말보다는 오히려 이렇게 말하자. "그 순간 감정이 강렬하게 일어 정말 인상적이었어요." 그러면 배우도 무엇이 좋은지 정확하게 알게 된다.

"다시 합시다, 다시"

리허설은 꼭 해야 한다. 여러 가지를 새롭게 시도할 수 있는 과정으로 영화를 진일보시키기 때문이다. 배우들을 알아 가면서 각각 일하는 방식도 엿볼 수 있어 어떤 지시가 도움이 될지 배울 기회도 된다. 리허설을 통해 시나리오를 어떻게 실현하는지 볼 수 있다. 그리고 드라마든 코미디든 각 장면이 분명하고 효과적인지 확인할 수 있다.

또한 리허설은 시나리오를 다시 손볼 기회이기도 하다. 정말 좋은 배우라면 반짝이는 아이디어를 줄 수도 있다. 그 아이디어를 다 받아들일 필요는 없다. 영화가 더 나아지리라고 생각되는 아이디어만 받아들이자. 다른 사람이 여러분한테 주는 다른 의견도 마찬가지다. 하지만 연기하는 사람보다 그 등장인물에 대해 더 잘 이야기해 줄 사람이 누가 있을까?

리허설하기

미리 시간을 정해 놓고 만나며, 리허설이 언제 끝날지 모두 알고 있어야 한다는 점을 명심하자.

1. 먼저 테이블에 모여 시나리오를 읽자. 모든 배우가 빠짐없이 둘러앉아 시나리오를 한 줄 한 줄 읽는다. 이때 인물이나 구체적인 대사, 머릿속에 떠오르는 생각에 대해 어떤 질문이든 할 수 있다.

2. 배우가 자리에서 일어나 한 번에 한 장면씩 연기하는 동안 배우 스스로 자연스럽게 느끼는 대로 움직이게 놔두자. 각 장면이 끝난 뒤에 배우에게 의견을 주어 구체적인 지시를 해 준다.

3. 각 장면을 처음부터 끝까지 다시 반복하는데, 이번에는 장면을 촬영하듯이 카메라를 어디에 두고 싶은지, 배우는 어디에 세울 계획인지 배우들에게 보여 준다. 이를 '카메라와 배우의 동선 파악'이라고 한다.

4. 배우들에게 의견을 구한다. 어떤 배우한테 어색한 점이 있다면 바꿀 수 있는지 살피고, 이때 배우가 질문을 퍼붓더라도 일일이 대답해 준다.

5. 화기애애한 분위기로 리허설을 끝내고 이렇게 말하자. "정말 훌륭했어요. 배우 여러분이 이야기를 생생하게 만들어 줄 거라 믿습니다."

6. 가장 중요한 건데, 꼭 필요하다면 시나리오나 동선을 바꾸는 걸 망설이지 말자. 영화가 점점 더 나아질 것이므로.

캐스팅에서 고정관념은 위험하다

배우들을 선택하는 캐스팅 과정은 영화 성공을 좌우할 만큼 중요하다. 배우의 생김새(구상하는 인물과 얼마나 닮았는가), 그 이상을 보는 게 중요하다. 재능(인물을 얼마나 잘 표현할 수 있는지)에 초점을 맞추자.

66 뛰어난 배우를 캐스팅하는 게 가장 좋다는 사실을 영화감독이 이해하고 있다면 캐스팅 과정은 잘 진행됩니다. 금발 머리에 키 큰 배우로 인물을 상상할 수 있지요. 하지만 흑갈색 머리에 키 작은 배우가 실력이 뛰어나다면 그냥 캐스팅하세요. 사실 바람직한 캐스팅은 인종, 나이, 성별, 외모를 초월합니다. 99

— 애슐리 보우즈
캐스팅 감독

드디어 촬영이다!

촬영장에서

이제 가장 바쁜 때가 찾아왔다. 일이 엄청나지만……즐거움도 크다. 하지만 만반의 준비를 갖춰야 한다. 제작 파일 속에는 촬영장에서 꼭 필요한 두 가지가 들어 있어야 한다. 스토리보드와 숏 리스트. 숏 리스트는 찍어야 할 숏과 그 숏을 어떻게 찍을지 지시 사항을 적은 표다. 이 내용을 제작진 모두한테 전달해야 한다. 그래야 제작진이 알아서 준비할 수 있으니까. 아마 머릿속에는 하나부터 열까지 다 들어 있을지 모른다. 하지만 종이에 정리해야 한다는 걸 잊지 말자.

황금률 네 가지

1. 스트레스를 받지 말자. 냉정을 잃지 말자. 절대 소리 지르지 말자!
2. 상상력을 발휘하자.
3. 문제가 생기면 해결하자. 여러분 안에 답이 있다.
4. 즐기자. (재미가 없다면 굳이 이 일을 왜 하겠는가?)

첫 촬영

전체 영화의 첫 촬영이든 하루를 시작하는 첫 촬영이든, 항상 잘하고 싶을 거다. 이후 작업 분위기

촬영 파트
카메라 위치는 정확한가?
조명과 구도는 괜찮은가?

미술 파트
모두 제대로 갖췄는가?
세트는 잘 꾸몄는가?
의상과 머리 모양은 멋진가?

시나리오
대사는 완벽한가?
더 고칠 데는 없는가?

음향 파트
배우의 대사가 깨끗하게
녹음되는가?

배우
배우들은 기량을
마음껏 펼치고
있는가?

조감독
작업 계획은 잘 짰는가?
오늘 분량을 다 찍고
제시간에 마칠 수 있는가?

전 제작진
나는 촬영장 분위기를
즐겁고 유쾌하게 이끌며
작업을 효율적으로
이끌고 있는가?

잠깐! : 제작진이 얼마 안 되더라도, 한 사람을 정해서 계속 지켜보게 하자. 이 사람을 스크립터scripter라고 한다. 영화 속 모든 것이 이치에 맞아야 한다. 한 장면에서 컵이 가득 차 있었으면 다음 장면에서도 그래야 한다. 장면들이 잘 이어지지 않으면 우스꽝스러울 뿐 아니라 관객들도 주의를 딴 데로 돌리게 된다.

를 결정하기 때문이다. 첫 촬영으로 기술이 까다롭거나 배우가 과도한 감정을 쏟아 내야 하는 장면은 피하자. 그래야 하루를 잘 시작할 수 있다.

의견을 주고받자

각 장면이 끝날 때마다 배우들한테 마음에 든 점, 마음에 안 든 점을 알려 주자. 기술을 담당하는 제작진한테도 그렇게 하자(특히 촬영 기사한테도). "좋습니다! 그런데 한 번 더 찍읍시다. 배우의 움직임을 따라가며 더 가까이 찍어 봅시다."라는 식으로 말해 보자.

항상 배우와 제작진 모두 긍정적인 마음으로 각자 장점을 살릴 수 있도록 이끌어야 한다.

결정, 결정, 또 결정

이따금 영화감독은 끝없이 결정을 내리는 사람처럼 보인다. 영화 제작 중 진행되는 모든 일에는 언제나 길이 두 개 이상 있다. (실제로 영화를 만들며 어떤 일을 결정할 때 보통 수백 가지 길이 있다.) 그러므로 주어진 상황에서 최선의 선택을 하도록 항상 모두가 노력해야 한다.

인간관계가 중요하다

영화감독한테는 수많은 노하우와 분명한 비전이 필요하다. 하지만 인간관계가 중요하다는 사실을 가끔 잊어버린다.

❝ 촬영장에 도착하면 먼저 배우들과 제작진에게 진심으로 감사하면서 일을 시작합니다. 영화를 함께 작업하게 된 그룹도 있고 개인도 있지요. 내가 그들의 조언 하나하나를 얼마나 소중히 여기는지 제작진이 아는 게 중요합니다. 제작진은 감독이 품은 비전을 존중해야 합니다. 그런 존중을 받으려면 감독이 비전을 제시해야 합니다. 서로 존중한다면 못 이룰 게 없습니다. ❞

— 어릴 적 이란에서 캐나다로 이민 온
마지 카리히
《낯선 땅Foreign Soil》 감독

전문 영화 촬영장

아마 여러분은 꽤 오랜 시간이 흘러야
전문가들과 일하게 될 것이다. 그래도
전문 촬영장이 어떤지 한번 구경해
볼 만할 것이다.

① 배우한테 이목이 집중된다. 모두가 배우들
주위에서 부산스럽게 움직인다.

② 감독은 그 중심에서 멀지 않은 곳에 있다. 그

리고 각 부서의 핵심 제작진과 연락하면서
배우들과도 긴밀한 관계를 유지한다.

③ 카메라에 연기를 담는다. 촬영 감독은 조명
을 점검하고 카메라를 다룬다.

④ 붐 오퍼레이터boom operator는 녹음 기사가 나
중에 사용할 소리를 붐 마이크로 녹음한다.

⑤ 몇몇 사람은 촬영 내내 배우를 보기 좋고 한
결같도록 꾸민다. 분장, 의상, 머리를 맡는다.

6 세트를 꾸미는 사람들도 있다. 영화를 찍는 동안 각 세트를 그 모습 그대로 유지한다. 미술 감독, 소품 담당, 무대 장식 담당이 그 일을 한다.

7 조감독은 제작 진행을 이끌며 세부 일정을 조율한다. 일이 늦어질 경우 다시 정상 궤도에 올려놓는 일도 조감독의 몫이다.

8 연기자와 제작진은 종종 끼니를 거르며 일하기도 한다. 그래서 어느 때든 음료와 간식을 먹을 수 있는 장소가 있기 마련이다.

9 촬영장은 늘 여러 장비로 발 디딜 틈이 없다. 조명 장치가 온 사방에 있다. 조명 없이 영화를 찍을 수는 없으니까. 감독이 바라는 음질을 확보하기 위해 방음막도 늘어뜨린다. 또 특수 촬영 세트에는 안개 느낌을 내기 위해 흰 연기를 뿜어내는 스모크 머신smoke machine도 있다.

촬영을
마치고
드디어 끝이다!

감독과 제작진, 배우 모두 완전히
녹초가 되었지만 하늘을 날 듯
뿌듯하다. 아마 인생에서 이런 날은
별로 없을 것이다. 여러분이 만든
영화가 손 안에 잡힐 듯하고,
곧 눈앞에 펼쳐질 듯하다.
그렇다면 이제……

뒤풀이

뒤풀이 자리를 마련해서 축하하는 시간을 갖는다.
영화 작업 가운데 촬영을 마무리했다는 의미이고,
그동안 고생했다고 서로 다독이는 시간이다. 긴장
을 풀고 영화 촬영이 어땠는지 이야기를 나누며 도
와준 여러 사람한테 고마운 마음을 전할 기회이기
에 뒤풀이는 매우 중요하다.
흥겨운 뒤풀이를 위해 무얼 준비할까? 맛있는 음
식 + 좋은 음악 + 화기애애한 분위기 = 엄청난 재
미, 그리고 다음 영화에도 기꺼이 함께 할 행복한
사람들.

모두에게 감사를

카드를 사거나 직접 꾸며서 한 사람 한 사람에게
쓴다. 그 사람이 한 일을 돌아보며 개인적으로 전
하고 싶은 마음을 담아 본다. 맞다. 밤을 꼬박 샐 만
큼 손이 많이 가는 일이다. 하지만 감독 자신을 비
롯해 영화를 함께 찍은 모두한테 대단히 뜻깊은 일
이다. 이 사려 깊은 행동으로 커다란 결실을 맺을
것이다. 영화를 함께 찍은 사람마다 인정받았다고
느낄 것이다. 이런 마음은 돈으로는 결코 살 수 없
는 값진 것이다.

영화 제작은 우정을 새로이 다지는 일

친구들은 여러분의 영화 제작을 함께 하고, 여러분은 그들의 영화 제작을 함께 한다. 이 말은 관계를 돈독하게 유지해야 한다는 뜻이다. 그렇게 하면 여러분이 다음 영화를 찍을 때 모두 기꺼이 발 벗고 나설 것이다. 왜냐하면,

1. 좋은 영화를 만들 테니까
2. 즐거운 경험이 될 테니까
3. 마음 깊이 고마워한다는 걸 다 아니까

이런 관계는 영화 제작이라는 여행길을 떠날 때 큰 힘이 된다.

이 친구와 일할 수 있다면……

함께 일하고 싶은 사람들을 찾으면 관계가 몇 년씩 지속될 때가 많다. 여기, 할리우드에서 서로 힘을 합쳐 성공한 사람들이 있다.

- 주드 아패토우(감독), 세스 로건(배우), 에반 골드버그(시나리오 작가)
- 팀 버튼(감독), 조니 뎁(배우), 헬레나 본햄 카터(배우)
- 마틴 스콜세지(감독), 셀마 스쿤메이커(편집 감독)
- 알프레드 히치콕(감독), 에디스 헤드(의상 디자이너)

일일이 나열하자면 끝이 없다.

내 경험 : 나와 친구들은 늘 함께 일한다

영화를 만드는 동안 대개 일찍 일어나 밤늦도록 일한다. 유쾌한 사람들과 즐겁게 일하고 싶은 이유다. 나는 영화, 텔레비전 프로그램, 드라마, 다큐멘터리 등 150편이 넘는 작품을 제작하고 감독했다. 그러면서 많은 사람과 함께 일했지만, 중요한 역할(촬영 감독, 녹음 기사, 편집자)은 되도록 같은 사람에게 맡기는 걸 좋아한다. 내 친구들이고 함께 일하면 더할 나위 없이 즐겁기 때문이다. 친구가 아닌 사람과 일하는 경우는 좀처럼 없다. 그래서 모든 일이 더욱 잘되리라고 믿는다.

CHAPTER 5

후반 제작

드디어 촬영이 끝났다. 장면은 다 필름에 담았다. 자, 이제 뭘 해야 할까?

영화 제작의 다음 단계는 '후반 제작postproduction' 이라고 한다. 촬영이 끝나고 영화를 전부 마무리 할 때까지 하는 일을 모두 일컫는다.

영화를 만들다 보면 종종 이렇게 말한다. "걱정 마. 나중에 고칠 거야." 이 말은 대개 "찍다가 실수 해도 편집에서 매만질 수 있으니 지금은 넘어가 자."라는 뜻이다. 어느 정도는 편집을 통해 잘못된 부분을 고칠 수 있다. 색상이 문제라면 고칠 수 있 다. 대사를 버벅거렸다면 다시 녹음할 수 있다. 하 지만 처음부터 제대로 하는 게 가장 좋다. 편집을 비롯한 후반 제작 과정에서 영화를 더 완성도 있 게 만드는 데만 집중할 수 있으니까.

후반 제작은 좋은 점을 더 좋게 다듬기 위해 상상 력을 발휘하는 시간이다. 감독으로서 여러분은 상 상력이 풍부한 또 다른 사람과 함께 일할 것이다.

바로 편집자다. 아이디어가 여러분한테서 나오는 경우도 있지만 편집자, 그리고 미완성 영화를 본 또 다른 사람한테서 나오는 경우도 더러 있다.

후반 제작에서는 영상, 음향, 특수 효과와 같은 주 요 부서와 함께 작업한다.

촬영한 필름은 전부 편집해서 장면들을 만든다. 그리고 이 장면들을 차곡차곡 모아 영화를 완성 한다. 이미 녹음한 소리는 편집하고, 새로운 소리 와 음향 효과를 만들어 내고, 대사는 되살리고, 음 악을 덧입힌 다음 모두 합쳐 사운드트랙soundtrack 을 만든다. 각각의 소리를 잘 조율해야 한다. 그래 야 감독이 들려주고 싶은 소리를 적절한 음량으 로, 화면에 딱 맞게 관객한테 정확히 들려줄 수 있 다. 컴퓨터로 멋지게 효과음을 낼 수 있다면 이때 사용한다.

편집의 힘

후반 제작은 대부분 영상 편집과 음향 편집을 중심으로 돌아간다.

컴퓨터 편집 프로그램은 엄청 다양하다. 다루기 쉬운 프로그램도 몇 개 있지만 나머지는 매우 까다롭다. 하지만 편집은 기술적인 것만은 아니다. 상상력이 필요하다. 또한 편집은 리듬과 속도, 이야기에 관한 것이다. 순간순간 감정을 최대한 이끌어 내며 이야기를 진전시키는 것이다. 이야기와 인물을 새롭게 해석할 수 있는 모든 가능성을 열어 두고 탐험하는 것이다.

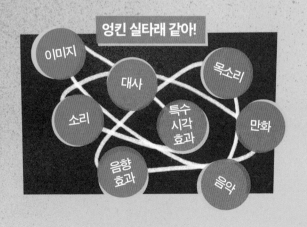

엉킨 실타래 같아!

이미지 · 대사 · 목소리 · 소리 · 특수 시각 효과 · 만화 · 음향 효과 · 음악

1+1=3

편집에서는 1 더하기 1을 해도 항상 2가 나오지는 않는다. 한 장면을 다른 장면과 이어 놓으면 두 장면이 따로 있을 때보다 의미가 훨씬 더 깊어진다. 그래서 편집이 중요하다.

편집을 제대로 이해하려면 이렇게 해 보자. 서로 아무 관련이 없는 다음 다섯 장면을 생각해 보자.

- 아름다운 꽃 한 송이
- 한 사람이 창밖을 내다보고 있다.
- 문이 열리고 누군가 달려 나온다.
- 손으로 꽃을 꺾는다.
- 한 남자의 눈

이 다섯 장면 하나하나는 별 의미가 없다. 하지만 연달아 이어 놓으면, 즉 편집을 하면 이야기를 들려주기 시작한다.

a. 매우 아름다운 꽃 한 송이가 피어 있다.

b. 한 사람이 그 꽃을 보고 있다.

c. 손으로 꽃을 꺾는다.

d. 또 한 사람이 창문으로 이 모습을 지켜보고 있다.

e. 문이 활짝 열리고 사람이 뛰어 나와 꽃을 꺾는 사람한테 달려간다.

이제 인물이 살아 움직이고 극적인 사건이 일어나고 있다. 다른 말로 하면 이야기를 구성하고 있다. 하지만 이 똑같은 다섯 장면을 다른 자리로 옮겨 보면 완전히 새로운 이야기를 구성할 수 있다.

편집의 힘이란 바로 이런 것!

산타클로스 이야기에서 세 장면을 뽑아 보자. 우선 한 순서로 늘어놓은 다음 또 다른 순서로 늘어놓아 보자.

장면은 똑같지만 순서를 뒤바꾸면 완전히 다른 의미가 된다.

음향
&또 다른 신비

영화를 틀어 놓은 다음 두 눈을 감고 들어 보자.
음향이 중요한 이유를 알 수 있을 것이다.
영화 감상에서 음향이 절반을 차지한다.

사람들이 하는 말, 그 이상이다

음향 편집은 우리가 실제로 다양한 소리를 어떻게 듣는지 재생하는 일이다. 어떤 영화든 음향에 들어가는 요소는 무척 다양하다. 대사, 음악, 음향 효과, 그리고 그 밖의 많은 것이 있다. 음향 편집은 영화 제작에서 아주 복합적인 과정 가운데 하나다. 음향 편집 과정을 단계별로 차근차근 살펴보자.

1단계
음향 디자인

시나리오 작가나 감독은 이야기를 끌어가는 도구로 소리를 많이 사용한다. 영화 촬영이 끝나고 영상 편집 기사가 편집을 마치면 그 필름을 한데 엮는 일은 후반 음향 작업에 달렸다. 어떤 영화는 자연 그대로의 소리만이 필요하다. 어떤 감독은 음악을 많이 쓴다. 또 어떤 영화는 배경 음악으로 무의식에 영향을 주는 소리를 깐다. 그뿐 아니라 훨씬 다양한 소리가 어떤 영화에서든 음향 디자인 전반에 걸쳐 들어간다.

2단계
대사

음향 편집 기사는 대사가 전부 또렷하고 깨끗한지 확인한다.

3단계
대사 후시 녹음

이따금 촬영장에서 녹음한 부분을 못 쓸 때가 있다. 예를 들어 촬영을 시내 근처에서 찍었다면 비행기 소리가 우연히 끼어들 수 있다. 건물 안에서 촬영할 경우에도 대사가 에어컨 소리에 파묻힐 수 있다. 이런 경우 대사 후시 녹음Automated Dialogue Replacement(ADR)을 통해 배우가 다시 작업해야 한다. 배우는 녹음실로 와서 자신의 영상을 보면서 입모양에 맞춰 못 쓰게 된 대사를 다시 한다. 실제로 많은 영화에서 대사를 전부 따로 녹음하기도 한다. 그렇게 하면 감독 의도에 꼭 맞게 목소리를 낼 수 있다(만화 영화에서 배우들이 만화 영화 속 인물을 보며 대사를 말하는 것과 흡사하다).

4단계
음향 효과

음향 효과 편집 기사는 매우 폭넓은 일을 한다. 여기에는 괴물이 으르렁하는 소리나 가상 기계가 내는 소리 등 소리를 새롭게 만들어 내는 일도 포함되어 있다.

5단계
효과음 녹음

효과음 녹음foley이란, 영화 촬영 중에 녹음할 수 없는 일상의 소리를 되살리는 과정이다. 효과음은 미묘하다. 영화 속 인물이 내는 어떤 소리든 말 그대로 되살려 낸다. 발소리, 옷자락 스치는 소리, 물건을 만지거나 무엇인가를 움직일 때 나는 소리 같은 것이 모두 효과음 녹음이다.

6단계
음향 믹싱

후반 제작 중 녹음의 마지막 단계는 음향 믹싱 기사 손에 놓여 있다. 음향 믹싱 기사는 청력도 판단력도 탁월해야 한다. 감독과 늘 함께 하면서 소리의 크기를 최종 결정하기 때문이다.

누군가는 음향 믹싱 기사를 온갖 재료(소리)를 골라 접시(영화)에 담는 요리사와 비교하기도 했다. 마치 요리사처럼 음향 믹싱 기사는 모든 요소와 형태를 고려해 조화롭게 차려 놓는다. 그리고 마지막 접시를 내놓을

때까지 어떤 소리를 보태야 할지 아니면 더 빼야 할지 살펴보며 내내 소리를 음미한다.

막간 영화제

관객의 귀를 위해

다음 영화는 음향 디자인, 사운드트랙, 음악을 통해 영화라는 희로애락의 세계로 우리를 이끈다.

마틴 스콜세지 Martin Scorsese
〈휴고 Hugo〉

이 영화는 이야기를 전개하는 도구로 소리를 사용한다. 관객은 경찰관이나 경찰견이 나타나기도 전에 어디쯤 오고 있는지 종종 소리로 알 수 있다. 〈휴고〉는 음향이 얼마나 비현실적이면서도 극적인 효과를 불러일으키는지 잘 보여 준다.

스티븐 스필버그 Steven Spielberg
〈쥬라기 공원 Jurassic Park〉

이 영화에서는 소리와 음악을 통해 나쁜 놈들, 즉 공룡을 또렷이 그려 낸다. 사실 스필버그는 영화를 만들 때마다 아주 새롭고도 강력하게 소리를 사용한다.

제임스 보빈 James Bobin
〈머펫 대소동 The Muppets〉

이 영화는 소리나 목소리를 현실과 약간 다르게 내서 인형 세계를 섬세하게 만들어 낸다. 음향 효과나 효과음을 독창적으로 사용해서 가능한 일이었다.

선율이 자꾸 머릿속에서 맴돌지 않아?

알 수 있다. 음악이 말해 주기 때문이다.

영화 〈죠스〉는 긴장을 조금씩 높이는 데 음악이 어떤 효과를 내는지를 잘 보여 준다. 그 장면은 상징적이다. 바야흐로 한여름. 날은 푹푹 찌고 해변은 북적인다. 모두 바다에서 즐겁게 헤엄치고 있다. 그 순간 어떤 선율이 들린다. 그 선율은 식인 상어를 연상시킨다. 그래서 곧 나쁜 일이 닥치리라는 걸 알려 준다. 관객은 한마음이 되어 이렇게 외치고 싶어진다. "어서 물에서 나와!"

음악은 중요하다. 영화 배경으로서만이 아니다. 음악은 영화 스토리에 다양한 표정을 덧붙이는 독창적인 요소다. 음악은 다음과 같은 일을 한다.

- 음악은 영화 속 모든 요소를 한데 어우러지게 한다.
- 지금 무슨 일이 벌어지고 있는지, 앞으로 무슨 일이 벌어질지 알려 준다.
- 우리가 보고 있는 이미지 또는 듣고 있는 대사 너머 머나먼 곳으로 우리를 데려간다.

"점점 다가오고 있다고!"
공포 영화에서 종종 괴물이 누군지, 어디에 있는지

음악은 힘이자 감정이다
음악은 장면이나 순간 또는 인물의 의미를 한층 높여 준다. 한편 생뚱한 음악은 영화 속 중요한 장면의 의미를 반감시키기도 한다. 이러한 음악의 힘을 과소평가해서는 안 된다. 지혜롭게 음악을 골라야 한다.

> 잠깐! : 음악으로 관객을 압도해서는 안 된다.
> 관객은 음악을 알아차리지 못할 때도 있다.
> 음악이 기분이나 분위기를 새롭게 하거나
> 확장하기 때문이다. 음악은 영화와 잘
> 맞물려야지, 영화를 넘어서면 안 된다.

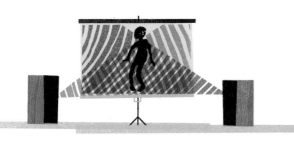

음악 몇 마디면 그곳으로

밴조banjo나 백파이프 소리, 또는 전자음악 네 마디를 듣는 것만으로 무엇이 떠오를까? 음악 몇 마디만으로도 관객은 곧장 어떤 나라, 어떤 시대로든 날아갈 수 있다.

황금 같은 고요

아주 흔치는 않지만, 음악을 전혀 안 쓰는(즉, 최고의 음악이 담긴) 영화도 있다. 음악이 여러분을 멀리 데려가듯이, 음악을 전혀 안 써도 똑같은 효과를 낼 수 있다. 영화 〈2001 스페이스 오디세이〉에서는 배경음악으로 웅장한 고전음악이 나온다. 하지만 그 뒤로는 사실상 고요한 시간이 길게 이어진다. 오히려 음악이 없어서 관객은 우주 공간에서 소리 질감이 어떤지 느끼고, 시각적인 요소에 더 깊이 몰입할 수밖에 없다.

저작권을 잊지 말자

영화에 음악을 사용하는 두 가지 방법이 있다. 하나는 좋아하는 기존 음악을 쓰는 것이다. 영화를 친구한테만 보일 생각이라면 그런 음악을 써도 상관없다. 하지만 허락을 받지 못했다면 공공장소나 영화제에서 상영할 수 없다. 이미 녹음을 마친 음악을 한 마디라도 따와서 쓰려면 허락을 받아야 한다. 그리고 허락을 받으려면 돈이 든다. 또 다른 방법으로 직접 음악을 작곡할 수도 있다. 또는 기꺼이 영화음악을 작곡해 줄, 밴드 활동을 하는 친구를 찾아보자. 이 일로 유쾌한 인연이 시작될지도 모른다. 스티븐 스필버그 감독과 작곡가 존 윌리엄스John Williams가 맺은 인연처럼. 두 사람은 30편이 넘는 영화에서 함께 일했다.

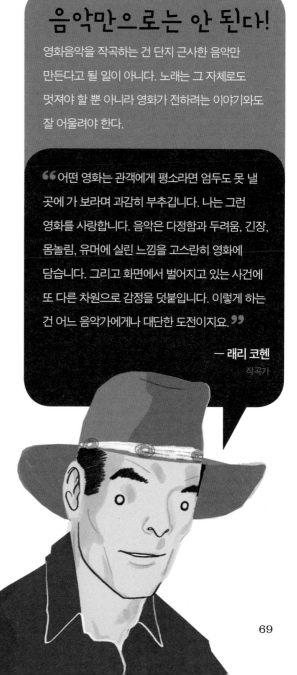

음악만으로는 안 된다!

영화음악을 작곡하는 건 단지 근사한 음악만 만든다고 될 일이 아니다. 노래는 그 자체로도 멋져야 할 뿐 아니라 영화가 전하려는 이야기와도 잘 어울려야 한다.

❝어떤 영화는 관객에게 평소라면 엄두도 못 낼 곳에 가 보라며 과감히 부추깁니다. 나는 그런 영화를 사랑합니다. 음악은 다정함과 두려움, 긴장, 몸놀림, 유머에 실린 느낌을 고스란히 영화에 담습니다. 그리고 화면에서 벌어지고 있는 사건에 또 다른 차원으로 감정을 덧붙입니다. 이렇게 하는 건 어느 음악가에게나 대단한 도전이지요.❞

— 래리 코헨
작곡가

하나로
아우르다

여주인공이 만화 캐릭터 손아귀에서 도망치고 있다. 우주선이 무리를 지어 하늘에 떠 있다. 그리고 영웅이 공중에서 이빨로 총알을 잡아챈다. 대체 뭔 일일까?

컴퓨터로 만드는 시각 효과는 영화의 중요한 요소다. 시각 효과visual effects는 줄여서 VFX라 한다(여기서 FX는 effects를 빠르게 발음하면서 생긴 말이다). 대개 후반 제작 과정 중에 다양한 만화 소프트웨어를 사용해 VFX를 만들어 낸다. VFX를 사용하면 여러분이 상상하는 거의 모든 걸 이룰 수 있다. 관심이 있다면 시간을 들여 기본적인 소프트웨어 몇

개는 배워 볼 만하다. 프로그램 한두 개쯤 잘 알면서 기꺼이 도와줄 친구를 찾아보자. 엔드 크레디트end credit에만 사용하더라도 VFX는 관객의 눈을 사로잡을 것이다.

경고의 말

시각 효과는 돈도 많이 들고 시간도 많이 잡아먹는다. 그러니 시각 효과를 너무 믿지는 말자. 시나리오 단계에서 시각 효과가 필요한 부분을 되도록 넣지 말자. 복잡한 특수 효과에 영화가 많이 의존할수록 여러분의 영화 인생은 매우 어려워질 수 있다. 관객은 이야기만 풍성하다면 VFX가 부족한 걸 눈치채지 못한다.

짬뽕 같은 사운드 믹스

맛있는 요리를 하려면 달콤하고 향긋한 여러 가지 양념과 향신료가 균형을 잃지 않으면서, 각각의 고유한 맛도 살려야 한다. 사운드 믹스도 마찬가지다. 대사, 배경음, 음향 효과, 음악 등 다양한 요소가 균형을 이뤄야 한다.

보통은 첫 믹스 작업을 한 뒤 1~2주 정도 두고서 수정할 곳을 찾아본다. 이것을 임시 믹스본이라고 한다. 고칠 부분이 뚜렷해지면 최종 믹스 작업을 한다. 그러면 음향에 관한 일은 다 끝난 셈이다.

엔드 크레디트

영화 작업을 함께 한 모든 이의 이름이 화면에 머물러야 한다. 그래야 본인뿐 아니라 다른 사람들도 볼 수 있으니까. 아주 사소한 도움을 준 사람들도 마찬가지다. 제작진에게 케이크를 구워 준 엄마, 화면에 잡히지 않도록 낡은 차를 길에서 빼 준 이웃, 진열한 상추를 클로즈업하도록 허락해 준 길모퉁이 채소 가게 아저씨 등 한 사람도 빠짐없이 엔드 크레디트에 이름을 올려야 한다. 그게 전통이며, 각자 공로를 인정받아야 한다.

과연 영화를 끝낼 수 있을까?

영화를 완성했다고, 아니 완성 일보 직전까지 왔다고 여길 만하다. 그런데 사람들은 '끝'을 어떻게 받아들일까?

코미디 영화를 만들었다면 어떤 상황이 우스운지, 어떤 장면을 좀 더 편집하면 허를 찌르는 대사가 더 빛을 발할지 정확히 알아야 한다. (똑같은 상황을 100번쯤 보고 나면 그 상황이 우스운지 아닌지 결정하기가 힘들다.) 그렇다면 어떻게 해야 할까? 여러 사람의 의견을 듣기 위해 관객을 불러 모아 시사회를 연다. 전문가들도 그렇게 한다.

관객은 모든 걸 바꾼다

난생처음 자신이 만든 영화를 시사회 관객과 함께 보는 일은 정말 색다른 경험이다. 사람들의 반응을 통해 많은 걸 알 수 있다. 그러니 꼭 수첩을 들고 관객 속에 앉아 있자. 하나둘 눈에 뚜렷이 보이는 부분이 있을 것이다. 그때 스스로한테 이렇게 물어보자. "도대체 내가 뭘 생각했던 거지?"

즉석 설문 조사

관객 한 사람 한 사람한테 간단한 설문지를 돌려 작성하게 하자. 설문지에는 다음 질문이 일부 혹은 전부 들어간다.

• 영화에서 가장 인상적인 부분은 무엇입니까?
• 가장 부족한 부분은 무엇입니까?

- 극적인 요소가 충분합니까?
- 코미디 요소가 충분합니까?
- 가장 재미있는 장면이 기억납니까?
- 이해할 수 없는 부분이 있습니까?
- 어떻게 바꾸었으면 좋을지 구체적으로 제안해 주시 겠어요?
- 따분한 장면이 있습니까?
- 친구한테 이 영화를 어떻게 설명하겠습니까?

이런 말을 덧붙이는 것도 잊지 말자. "시간을 내어 이 설문 조사에 응해 주셔서 고맙습니다. 주신 의 견은 소중하게 여기겠습니다."

관객의 의견을 나침반으로 삼자
시사회에서 받은 의견을 일일이 받아들일 필요는 없다. 하지만 대다수가 특정한 상황이 정말 재미있 다고 말했다면 확실히 재미있는 것이다. 그리고 많 은 사람이 어떤 장면은 지루하다고 썼다면 그렇다 는 걸 깨닫고 재편집해서 고칠 필요가 있다. 시사 회를 갖는 건 실로 감격스러운 일이다. 또한 매우 유익하다. 대형 영화들도 시사회를 여는 이유가 바 로 이 때문이다.

정말 '끝'
바로 이런 느낌이다. 열심히 일한 대가로 사람들한 테 보여 줄 무언가를 손에 쥐었다. 그게 바로 영화 다. 마침내 영화를 완성한 것이다! 축하한다!

첫 영화 마무리하기
영화 제작은 마라톤 달리기와 비슷하다. 기진맥진 녹초가 되지만 마지막 순간에는 엄청 흐뭇하다.

❝어느 날 일에 치여 멍한 상태에서 깨어나 보면 머릿속으로 이리저리 굴리던 영화를 극장에 앉아 보고 있는 자신을 발견하게 됩니다. 주위 사람과 다를 바 없이 영화를 보고 있는 나 자신을 말이죠. 다만 그 영화를 내가 만들었다는 사실만이 다르죠. 꿈결 같고 겁도 나고 짜릿하고 만감이 교차하는 순간입니다. 바로 첫 영화지요.❞

— 미셸 라티머
감독 겸 작가

CHAPTER 6

영화를 널리 알리려면

영화를 완성하고 나면 사람들에게 영화를 보여 주고 싶어질 것이다.
장롱 속에 고이 모셔 두려고 몇 달씩 영화를 만든 게 아니니까.

꿈도 이상도 나누고 싶겠지만 가장 중요한 건 여러분의 이야기다. 영화감독은 자신이 만들어 낸 세상을 사람들이 보길 바란다. 자아를 말하는 게 아니다. 가치 있는 무언가를 새롭게 만들어 내고 함께 나누는 것을 말한다. 기막힌 요리법을 터득했는데 함께 먹을 사람이 없다고 상상해 보자. 얼마나 아깝겠는가?

누가 영화를 보러 올까? 우스꽝스러운 코미디를 만들었다면 부모님과 부모님의 지인 모두가 그 영화를 보고 싶어 하지는 않을 것이다(가족이야 무슨 영화를 만들든 보고 싶어 할 테지만). 여러분은 누가 관객이 될지 알고 있다. 바로 여러분과 비슷한 사람. 그들이 영화를 볼 수 있도록 여러분은 영화를 세상에 알려야 한다. 그러지 않으면 보석을 영롱하게 깎아 놓고도 햇빛 한 번 못 쬘 테니까. 그러면 뭔 재미가 있을까?

작품이 좋다면 사람들한테 알려야 한다. 이 영화를 왜 봐야 하는지, 왜 사야 하는지, 왜 영화제 프로그램에 실어야 하는지, 마케팅과 홍보 자료를 통해 알려야 한다. 알리지 않으면 사람들은 여러분이나 여러분 영화에 대해 모를 수밖에 없다. 그러니 영화를 알리는 게 이제부터 할 일이다.

새로 만든 영화는 모두 다음 영화를 향한 밑거름이 된다. 이 영화로 돈을 벌 거라 기대는 안 할지라도 사람들이 영화를 보고 즐기길 바랄 것이다. 그래서 여러분이 다음 영화를 만들 때도 지지할 수 있도록. 마케팅과 홍보가 그렇게 되도록 도울 것이다.

D|Y 마케팅과 홍보

영화를 알리는 자료를 만들어 사람들이 기대감을 갖고 영화를 보게끔 해야 한다. 예산이 넉넉한 영화는 홍보 담당자와 마케팅 부서가 따로 있다. 하지만 여러분은 직접 여러분 손으로 해야 한다.

1단계
눈길을 잡아끄는 스틸 사진을 찾자

촬영장에서 배우의 스틸 사진을 정말 멋지게 찍은 사람이 있는지 확인하자. 그리고 이 영화에 대해 귀띔해 주는 사진 두세 장을 찾자. 홍보 자료에 많이 사용할 수 있을 것이다.

2단계
예고편을 만들자

편집을 진행하면서 예고편trailer을 만들 수 있다. 영화 골자만 빠르게 보여 주면서 관객을 감질나게 하는 것이 중요하다. 예고편이나 미리보기를 멋들어지게 만드는 일도 하나의 예술이다. (더 알고 싶다면 책장을 한 장 넘겨 보자.)

3단계
포스터, 광고지, DVD 표지를 제작하자

포스터, 광고지, DVD 표지가 기본적인 홍보 자료다. (광고지는 낱장짜리로 영화나 한 장면에 대한 정보를 담고 있다.) 이 세 가지는 똑같은 정보를 담고 있지만 형식은 다르다. 사람들의 관심을 끌고 "우와! 굉장한데! 이 영화 볼래."라고 말하게 할 한두 장면이 필요하다. 여러분은 영화 내용을 미래의 관객에게 알리고 싶을 것이다. 그러면 관객은 이렇게 생각할 것이다. "좋아. 코미디 영화로군. 코미디 좋지." 더불어 이미 다른 사람들도 이 영화를 보고 맘에 들어 했다고 알리고 싶을 것이

다. 그러려면 이런 말을 인용해 사람을 불러 모으면 된다. "하늘만큼 땅만큼 재밌어요!"나 "너무 웃어서 눈물이 찔끔 나왔다니까요!"

4단계
EPK를 준비하자

EPK는 전자 보도 자료 electronic press kit 다. 20년 전에는 종이 보도 자료를 만들어 신문사나 방송국에 배포했다. 요즘에는 보도 자료가 CD에 담기기도 하고, 웹사이트에서도 다운로드가 가능하다. 종이 보도 자료처럼 EPK에는 제작 과정을 담은 스틸 사진, 연락처, 여러분이 누군지 말해 주는 약력 등의 정보를 담는다. 또한 도움을 준 사람들이나 제작에 함께 참여하게 된 과정

을 소개할 수도 있다. 이런 내용이 모두 준비되면 CD에 담아 사람들에게 보낸다.

5단계
영화 복사본을 많이 만들어 사람들한테 보내자

또? 그래, 또! 돈!

홍보에는 돈이 든다. 그렇다고 돈을 여기저기 마구 쓸 필요는 없다. 곧 알게 되겠지만 그래도 돈이 좀 있으면 일하기가 훨씬 수월하다.

"끝났어?"

영화에 도움을 준 사람이라면 완성작을 보고 싶어 하는 게 당연하다. 여러분은 아마 몇 달 동안 이렇게 말해 왔을 것이다. "아직 못 끝냈어요……조금만 더 기다려 주세요……곧 알려 드릴게요." 이제 마무리했으니 상영을 해야 한다. 시간과 장소를 정하고 초대장을 보내자.

영화 상영은 중요하다. 조건을 최상으로 갖췄는지 확인해 보자. 성능이 우수한 영사기인지, 음질이 뛰어난 음향 시설인지, 그리고 무엇보다 자리가 편한지.

예고편 만들기

예고편을 잘 만들려면 기술이 필요하다. 영화 줄거리를 많이
드러내지 않고 관객의 관심을 불러일으키면서, 한정된 시간에 맞춰
상상력을 발휘하기란 꽤 힘든 일이다. 예고편은 관객이 전체 영화를
보고 싶게 해야 한다. 그래서 진짜 달콤한 맛보기를 제공해야 한다.
예고편에서 못 본 나머지를 간절히 보고 싶게 호기심을 유발하자.

시간이 필요해

10분짜리 영화를 편집하는 데 한 달이 걸린다고
하자. 1분짜리 예고편을 만드는 데는 한 달의 10분
의 1이 걸릴까? 아니다. 1분짜리 예고편을 만드는
데 실제로 시간이 더 걸린다. 영화 전체를 편집하
는 시간과 거의 맞먹는다. 더구나 예고편은 영화를
'팔아야 하는' 중요한 임무를 띠고 있기 때문에 매
우 치밀해야 한다. (여기서 '팔아야 하는'이란 말은 사
람들이 더 많이 보고 싶게끔 감질나게 한다는 뜻이다.)

최고의 장면을 담는다

영화가 긴장감이 넘치는 공포물이라면 예고편에
서 짜릿한 긴장감을 느끼게 하자. 영화가 드라마라

가는 어떻게 하나로 이어 붙이는지 보자. 재미있는 부분을 정해서 따라 해 보자. 하지만 여러분이 만든 영화는 세상에 단 하나뿐이라는 걸 꼭 명심하자. 예고편도 그 점을 반영해야 한다.

면 배우가 그리는 환상적인 순간을 보여 주자. 영화가 코미디라면 예고편에 배꼽 빠지게 웃긴 장면을 실어 보자.

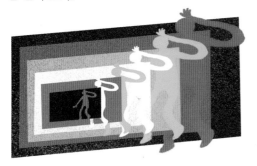

왜 이 영화를 보고 싶을까?

사람들이 왜 이 영화를 보고 싶어 하는지를 예고편에 담아내는 건 여러분의 몫이다. 보이스 오버voice-over(해설)가 도움이 될 수 있다. 보이스 오버는 시각적으로 보여 줄 시간이 별로 없을 때 미진한 부분들을 매끄럽게 이어 주기도 한다.

다른 예고편을 참고하자

인터넷으로 예고편을 수백만 편 볼 수 있다. 전문

1분으로 시선을 잡아라!

예고편으로 영화를 팔아야 한다. 영화감독이 예고편 제작에 시간과 땀을 쏟아붓는 이유다.

❝예고편을 다듬는 편집 기사로서 나는 영화가 좋은지 아닌지 별 관심을 안 둡니다. 내가 할 일은 이 영화를 놓친다면 아주 진귀한 광경을 놓치리라는 걸 예고편으로 만들어 미래의 관객한테 보여 주는 것입니다. 거짓말은 안 됩니다. 영화와 예고편이 따로따로 겉놀아선 안 되겠지요.❞

— 모린 놀란
편집 기사, 시각 효과 전문가

관객을 찾아서

와, 수백만 명이 여러분이 만든 영화를 본다면 정말 설레는 일 아닐까? 괜찮은 영화를 만들었다면 소셜 미디어를 통해 생각보다 훨씬 많은 관객을 찾을 수 있다. 전문가처럼 인터넷을 이용하면 된다.

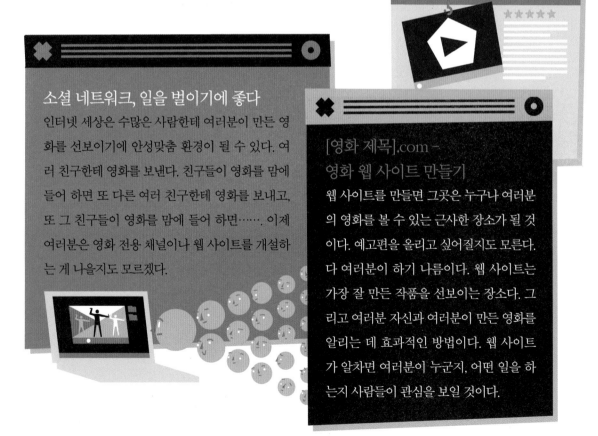

소셜 네트워크, 일을 벌이기에 좋다

인터넷 세상은 수많은 사람한테 여러분이 만든 영화를 선보이기에 안성맞춤 환경이 될 수 있다. 여러 친구한테 영화를 보낸다. 친구들이 영화를 맘에 들어 하면 또 다른 여러 친구한테 영화를 보내고, 또 그 친구들이 영화를 맘에 들어 하면……. 이제 여러분은 영화 전용 채널이나 웹 사이트를 개설하는 게 나을지도 모르겠다.

[영화 제목].com – 영화 웹 사이트 만들기

웹 사이트를 만들면 그곳은 누구나 여러분의 영화를 볼 수 있는 근사한 장소가 될 것이다. 예고편을 올리고 싶어질지도 모른다. 다 여러분이 하기 나름이다. 웹 사이트는 가장 잘 만든 작품을 선보이는 장소다. 그리고 여러분 자신과 여러분이 만든 영화를 알리는 데 효과적인 방법이다. 웹 사이트가 알차면 여러분이 누군지, 어떤 일을 하는지 사람들이 관심을 보일 것이다.

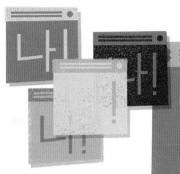

대중성은 뭐고, 자아는 뭘까?

세상에 이름을 알리고는 싶지만, 자기 일에만 골몰하는 인상을 주고 싶지는 않을 것이다. 영화를 만들었다는 건 무언가를 이루었다는 의미다. 정말 훌륭한 영화를 만들었다면 자랑스러운 일임에 틀림없다. 여러분은 그 영화가 여러분의 작품임을, 사람들이 격려할 작품임을 널리 알리고 싶을 것이다. 하지만 겸손은 언제나 옳고, 사람들을 자기 편으로 끌어들인다. 자, 그럼 인터넷에 무엇을 펼쳐 놓아야 할까? 늘 겸손한 태도를 잊지 말자.

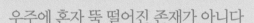

우주에 혼자 뚝 떨어진 존재가 아니다

세상에는 여러분과 비슷한 사람들이 있다. 어리고 똑똑하고 열정이 넘치며 상상력이 기발한 사람들이. 이런 사람들도 영화를 만들고 있고, 여러분이 뭘 하는지 알고 싶어 한다. 만나서 영화에 대한 이야기를 나누고 싶어 할 수도 있다. 그러니 다른 사람들의 작품을 주의해서 살펴보자. 작품이 좋았다면 좋았다고 알리자. 짧막한 말이라도 대화의 물꼬를 트게 할지 모른다. 이런 관계 속에서 좋은 일이 생기기 마련이다. 누군가 영화를 만들 때 도움을 줄 수도 있고, 새 영화에서 함께 일할 수도 있다.

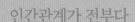

인간관계가 전부다

여러분은 최선을 다해 좋은 작품을 만들고 그 영광을 관객한테 돌리고 싶을 거다. 다른 영화감독이 빼어난 작품을 만들면 그 작품을 칭찬하고, 작품의 질과 상관없이 유용한 조언을 건네며 그 감독을 존중하자. 이렇게만 한다면 사람들과의 관계가 좋아지고, 점점 돈독해질 것이다.

영화제

현실을 직시하자. 단편 영화를
만들어 부자가 되진 않는다. 물론
한바탕 난리를 치며 만들겠지만,
고된 일이 어마어마하게 많다.
도대체 무슨 보람이 있을까?

영화제에서라면 커다란 보람을 찾을 수 있
다. 나는 다양한 영화를 선보이는 몇몇 영
화제에 가 봤는데 언제나 즐거웠다. 영화를
볼 기회도, 영화감독을 만날 기회도 많았다.
도나 오브라이언 소킥 Donna O'Brien-Sokic 은
디즈니 마케팅 홍보 부서에서 여러 해 동안
일했다. 지금은 토론토에 있는 험버 대학
에서 학생들을 가르치고 있다. 여러 제자가
영화제에서 작품을 상영하기도 했다.
도나가 말하는, 영화제에서 작품이 선정되
려면 꼭 밟아야 할 다섯 단계에 귀를 기울
여 보자.

1 영화 제작 중에 찍은 스틸 사진 가운데
영화의 분위기와 색조를 대표하는 장면
하나를 고른다. 이 장면을 포스터, 엽서, DVD
표지에 사용해서 단편 영화를 일관되게 홍보한다.

2 영화에서 시장성이 있는 요소들을 찾자.
이 요소들은 영화를 독특하게 만드는 구체적인
세부 사항이다. 이들은 영화제와 마케팅 전략을 정확히
어떻게 세워야 할지 정하는 데 도움이 된다. 시장성이
있는 요소로는 유명 배우, 장르, 주제, 타깃(목표)
집단, 특수 효과, 촬영 장소 등이 있다.

3 시장성이 있는 요소를 기준으로 영화에 적합한
영화제를 찾자. 위드아웃어박스 Withoutabox
(독립영화 감독이 전 세계에서 열리는 영화제에 지원할
수 있도록 도와주는 웹 사이트)를 통해 장르, 주제, 학생,
지역, 상영 시간을 망라해서 적합한 부문을 찾자.
또한 영화제 측이 영화를 선정할 때 볼 수 있도록
이 사이트에 홍보 자료를 올려놓을 수도 있다.

4 여러분의 영화가 지방이나 국내, 또는 국제 영화제에 선정될 만한 장점이 있는지 스스로에게 물어보자. 자신한테 솔직해지자! 참가 자격을 줄 만한 영화제 목록을 만들고, 영화제 참가비가 얼마나 드는지 적어 놓자. 홍보 예산을 짜자(택배 요금이나 빠른우편 요금도 잊지 말자). 예산에 맞춰 홍보 전략을 손보자. 비디오 공유 웹 사이트 비메오^{Vimeo}를 통해 출품작을 받는 영화제가 점점 늘고 있다. 이 방법을 이용하면 작품 제출 비용은 물론 DVD나 케이스 제작비, 우편 요금도 아낄 수 있다.

5 잊지 말고 각 영화제 기획자한테 영화 홍보물을 보내자. 세계 최초로 상영되는 월드 프리미어^{world premiere}나 아시아 최초로 상영되는 아시아 프리미어가 될 수도 있고, 국내에서 첫 상영을 할 수도 있다. 또한 영화에 나온 독점 사진, 즉 한 번도 쓴 적이 없는 사진을 홍보용으로 보내 보자. 독점 사진을 싫어하는 사람은 없다. 영화제 기획자도 똑같다.

학생으로서 받는 특별대우

학생을 대상으로 한 훌륭한 영화제가 많고, 학생 경쟁 부문이 있는 영화제도 많다. 참가비가 무료인 경우도 있다. 하지만 기억하자. 홍보 자료를 만드는 데 돈이 조금이라도 들게 마련이다. 기획자는 영화 복사본도 여러 장 원하고 포스터나 광고지, 보도 자료가 준비되어 있는지 알고 싶어 한다. 이런 데 쓸 예산이 있는지 확인하자.

조명 아래 반짝이는 내 이름

최대한 많은 사람이 영화를 보게 하려면 어떻게 해야 할까? 떨리는 첫발을 내딛기에는 영화제 참가가 좋다.

❝영화감독한테는 영화제에 가는 일보다 더 굉장한 경험은 없습니다. 누구든 여러분이 찍은 영화에 관심을 보이고, 영화와 관련해 여러 이벤트가 벌어지는 열광의 도가니 한복판에 있게 됩니다. 그리고 이렇게 말하게 되지요. '내 영화를 영화제에서 상영한다고!'**❞**

— 에바 짐슨
〈라스 폰 트리에와의 대화 A Conversation with Lars Von Trier〉
감독 겸 작가

영화란 함께
나누는 것

영화를 만드는 건 이야기와 경험, 감정을 함께 나누는 것입니다. 이 책을 통해 내가 영화에 대해 알고 있는 모든 걸 여러분과 함께 나눌 수 있어서 흐뭇합니다.

또한 함께 일하는 영화감독, 내가 본 많은 영화, 특히 내가 가르치는 학생 영화감독들한테서 끊임없이 배우고 있어서 기쁩니다. 이렇게 함께 나눌 수 있으니 나는 아주 운이 좋은 사람입니다. 난 이 일을 업으로 삼아 많은 일을 해 왔고 앞으로도 더 많은 일을 하고 싶어요.

언젠가 여러분이 만든 영화를 함께 나누길 바랍니다. 여러분한테는 신나는 경험이고 관객에게는 크나큰 기쁨일 테지요. 여러분의 영화를 함께 나누는 순간이 찾아와도 나는 전혀 놀라지 않을 겁니다. 보나마나 그 영화를 즐겁게 보고 무언가를 배우겠지요. 그런 날이 오기를 손꼽아 기다립니다.

엔드 크레디트를 올리자!

사람들은 두 부류로 나뉜다. 영화를 엔드 크레디트까지 보는 사람(대개 영화감독)과 그렇지 않은 사람. 엔드 크레디트에는 많은 정보가 들어 있다. 역할이 크든 작든 영화 작업을 함께 한 사람이라면 한 사람도 빼놓지 않고 엔드 크레디트에 들어간다. 다음에 소개하는 각 부서에 대한 설명은 캐나다와 미국의 방식이라 우리나라 현장과 조금 다르다.

촬영 파트
렌즈 뒤의 눈

촬영 파트는 카메라뿐 아니라 조명에 관련된 일도 한다. 조명이 얼마나 중요한지, 시간과 힘이 얼마나 들어가는지 모르는 사람이 많다. 장면마다, 화면 속 프레임마다 조명을 비춰야 한다. 특정 조명이 없으면 장면은 죽은 듯 보인다. 배우도 돋보이지 않고 다른 것도 마찬가지다. 하지만 조명을 알맞게 비추면 배경도 장면도 생기를 얻는다. 조명 없이 찍는 영화는 없다. 그만큼 중요하다!

촬영 감독 Director of Photography(DP)

촬영 감독은 카메라 작동뿐 아니라 카메라 앞에 서는 모든 사람과 사물에 조명을 비추는 세심한 기술을 책임진다.

조명 감독 Gaffer

촬영 감독은 조명이 어떻게 보여야 한다고 결정하는 반면, 조명 감독은 실제로 조명 장치를 다룬다. 조명을 비출 때마다 전기가 많이 드는데, 조명 감독은 그런 문제도 처리한다. 캐나다와 미국은 촬영 감독 밑에 조명 감독이 있는데, 우리나라는 촬영팀과 조명팀이 협업하지만 독립적인 팀을 이룬다.

촬영 기사 Camera Operator

촬영 감독은 카메라가 어느 방향으로 움직이는지를 알고 있다. 그러나 실제로 장면마다 프레임을 잡아 카메라를 움직이는 사람은 촬영 기사다. 프레임과 화면의 구성도 책임진다. 우리나라는 촬영 기사를 따로 두지 않고 촬영 감독이 직접 한다.

제1 촬영 조수 First Assistant Camera/포커스 풀러 Focus Puller

카메라 촬영이 복잡하기 때문에 장면을 완벽하게 찍으려면 사람이 더 필요하다. 그리고 항상 정확해야 하는 게 초점이다. 제1 촬영 조수가 필요한 이유다.

제2 촬영 조수 Second Assistant Camera

장편 영화는 장면이 많을 수밖에 없다. 그래서 누군가 각 프레임을 따라가며 기록을 남길 필요가 있다. 이런 '카메라 일지'를 쓰는 사람이다.

카메라 장비 담당 Key Grip, 이동차 담당 Dolly Grip, 보조 Grip

촬영 파트에서 없어서는 안 될 사람들이다. 이동차나 크레인을 사용하는 등 촬영이 복잡할수록 일손이 하나라도 아쉽다. 조명 감독을 도와 카메라와 조명 장치를 설치하는 일도 한다.

> 66 촬영 기사로서 내 역할은 영화의 표정과 느낌을 만들어 내는 겁니다. 하지만 열정과 사랑으로 제작진 한 사람 한 사람의 기운을 북돋기도 하죠. 우리는 함께 영화 속 경이로운 순간을 만들어 갑니다. 촬영 기사가 현장에 활기를 불어넣는 힘을 난 결코 과소평가하지 않습니다. 99
>
> — 저스틴 로벨
> 〈벤의 랩소디Ben's Rhapsody〉 촬영 기사

미술 파트
장면을 만들다

영화 속 장면 중에 우연히 일어난 일은 하나도 없다. 촬영 장소는 화면에 어떻게 나올지를 고려해서 면밀하게 고른 곳이다. 방을 꾸민 모습, 배우의 옷, 머리 스타일 등도 마찬가지다. 배우와 영화 배경이 어떻게 보이느냐에 따라 감정이 움직인다. 영화는 이게 전부다. 그래서 미술 파트가 매우 중요하다.

미술 감독 Production Designer/Art Director

카메라 앞 모든 것의 모습을 책임지는 사람이다. 방이든, 우주선이든, 17세기 거리든 만들어야 한다면 그렇게 만들어 낸다.

무대 장식 담당 Set Decorator

화면 속에 침실이나 식당이 있다면, 무대 장식 담당은 가구부터 테이블에 놓을 포크까지 일일이 결정한다.

소품 담당 Prop Master

인물이 지니고 있는 물건을 소품이라고 한다. 소품 담당은 영화에 사용하는 소품을 찾거나 사거나 만든다.

의상 디자이너 Costume Designer

배우는 촬영장으로 옷을 챙겨 오지 않아도 된다. 배우가 걸치는 건 무엇이든 특별 제작하며, 배우의 역할에 딱 어울려야 한다.

메이크업 아티스트 Makeup Artist

배우는 뜨거운 조명 아래서 하루에 열네 시간이나 일하기도 한다. 하지만 각 장면에서 늘 똑같은 모습을 보여야 한다. 메이크업 아티스트는 배우가 아침부터 밤까지 시종일관 같은 모습을 유지하게 한다.

헤어 스타일리스트 Hair Stylist

머리 모양은 인물에 적절해야 한다. 머리가 헝클어졌다면 장면이 넘어가더라도 똑같이 헝클어져 있어야 한다.

특수 효과 Special Effects

미술 파트와 안 어울리는 것 같지만, 특수 효과는 화면에 보이는 모습을 구상하기 때문에 미술 파트에 속한다.

그래픽 디자이너 Graphic Designer

영화의 다른 요소와 마찬가지로 그래픽(예컨대 엔드 크레디트의 글자체)도 이야기에 도움이 되도록 고안해야 한다. 보기에도 좋고 영화를 더욱 풍성하게 해야 한다.

설치 담당 Construction Crew

영화에서 설치는 중요하다. 세트는 감독이 머릿속에 그리는 내용과 일치해야 한다. 이따금 방을 짓고 나서도 카메라가 여러 방향에서 찍을 수 있도록 벽을 하나씩 뜯어낼 수 있어야 한다.

※ 이 책에 소개된 미술 파트는 역시 캐나다와 미국에 해당된다. 우리나라는 미술팀, 의상팀, 분장팀, 특수 효과, 그래픽 디자이너(CG팀) 등이 각각 독립적인 팀을 이루어 움직인다.

> 66 영화마다 누군가 배경 모습을 결정합니다. 하얗고 복슬복슬한 양탄자를 깔고 분홍색으로 꾸민 사무실에 악당이 앉아 있다면, 촬영 장소를 잘못 정했거나 아니면 코미디 영화겠죠. 난 이 일이 엄청 재미납니다. 인물과 이야기를 뒷받침하는 시각 자료를 제시해서 세트와 현지 촬영 장소를 꾸미죠. 99
>
> — 바바라 던피
> 〈더 페이스 The Man Without a Face〉 미술 감독

연출제작 파트
영화 제작을 원활하게 한다

아무리 작은 영화라도 실제로는 매우 복잡하다. 촬영 장소를 확보하고,
장비도 운반해야 한다. 배우와 제작진은 언제 무슨 일이 있는지 알아야 한다.
진행 과정 하나하나 깔끔하게 계획을 세우고 긴밀하게 협조가 이루어져야 한다.
이 과정에서 많은 의견이 오가며 관계자들 말대로 '서류 작업 투성이'다.
효율성이 중요하며 연출제작 파트야말로 효율적으로 움직여야 한다.

프로듀서 Producer

감독이 실제로 장면들을 만들어 내지만, 프로듀서는 영화 작업 전체를 책임진다. 이 일은 방대하다. 시나리오를 확보하고 감독을 뽑는 일부터 예산에 맞춰 영화를 만드는 일까지, 영화 제작에 대해 하나부터 열까지 전부알고 있어야 한다.

제작 책임자 Production Manager

예산을 짜는 건 별개의 문제고, 영화에 필요한 건 무엇이든 촬영 장소에 구해다 놓아야 한다.

현지 촬영 담당 Location Manager

스튜디오 외에 영화를 찍는 장소를 현지 촬영 장소(로케이션)라고 한다. 모습이 근사하면서도 제작진이 쉽게 접근할 수 있는 장소를 찾아낸다.

제1 조감독 First Assistant Director

세트장을 원활하게 움직여서 감독이 중요하고 창의적인 결정을 내리는 데 집중할 수 있도록 한다. 기본적으로, 영화 제작 전반에 산적한 여러 문제를 해결한다.

제2 조감독 Second Assistant Director

규모가 큰 영화에서, 특히 엑스트라가 많은 장면을 찍을 때 꼭 필요하다.

스크립터 Scripter

한 장면에서 어떤 인물이 물컵을 오른손에 들고 있었는데 바로 다음 장면에서 왼손에 들고 있는 영화를 본 적있는가? 장면이 이어지지 않으면 영화 집중을 방해한다. 스크립터는 그런 일이 생기지 않도록 확인한다.

진행 담당 Production Coordinator

배우와 제작진을 제때에 세트장에 모으는 일이 주된 업무다. 버스 대여부터 비행기 표 예매까지 모든 일을 기획한다.

회계 담당 Production Accountant

제작에 쓰이는 한 푼, 한 푼이 다 중요하다. 경비를 세세하게 기록하는 일을 맡는다.

이동 담당 Swing Crew Chief

100명에 이르는 제작진이 온갖 자동차, 장비와 함께 이동하는 일은 작은 부대가 이동하는 것과 같다. 이 복잡한 대열을 감독하는 일을 한다.

운전기사 Driver

비싼 장비를 실은 대형 트럭으로 좁은 골목길을 통과하는 일은 까다롭다. 노련하고 믿음직한 운전기사는 대형 영화 촬영에 꼭 필요하다.

홍보 담당 Publicist

영화를 둘러싼 '소문'이 돌곤 한다. 이런 소문은 영화 홍보에 도움이 된다. 바로 그런 소문을 만들어 내는 사람이다.

스틸 포토그래퍼 Still Photographer

영화 장면은 마케팅에 엄청 중요하다. 영화를 찍을 때마다 세트장에는 스틸 포토그래퍼가 있어서 멋진 현장 사진을 찍는다.

> **❝** 잘 만든 영화를 보면서 '아, 서류가 장난 아니었겠다!' 하고 생각하는 사람은 거의 없겠죠. 그렇지만 말을 주고받든, 온라인으로든, 서류로든 활발한 소통은 영화 성공에 아주 중요한 요소입니다.**❞**
>
> — 도나 오브라이언 소킥
> 프로듀서

음향 파트
최근에 본 영화 중 소리가 좋았던 영화는?

카메라로 찍기 전에 영화감독은 음향에 대한 결정을 내린다. 어떻게 녹음할지, 어떤 음질이어야 하는지, 어떻게 영상에 소리를 입힐지 등등. 음향은 영화를 느끼는 데 중요한 요소다. 대사의 음색부터 사운드트랙 음악까지 생각과 노력을 많이 쏟아부어야 한다.

음향 감독 Sound Designer

촬영에 들어가기 한참 전부터 영화감독과 함께 음향을 어떻게 할지 결정을 내린다. 이러한 결정은 음향을 어떻게 이야기와 한데 아우를지에 영향을 준다.

동시 녹음 기사 Production Sound Mixer

대사부터 배경음까지 소리가 빠짐없이 적당한 높낮이로 녹음되고 있는지 확인하는 사람이다.

붐 오퍼레이터 Boom Operator

대사를 녹음하는 가장 좋은 방법은 기다란 장대 끝에 달린 마이크를 사용하는 것이다. 이 마이크를 붐 마이크라고 한다. 그 장대를 이리저리 들고 움직이는 사람이다.

꼭 기억하자

앞서 영화 제작진에서 핵심 역할을 하는 직책을 죽 열거했다. 하지만 말하지 않은 사람이 더 있다. 전부 나열할 수는 없지만 영화가 성공하는 데 무척 중요한, 하지만 그냥 지나치기 쉬운 두 사람을 덧붙인다.

작곡가 Composer

영화의 오리지널 음악을 작곡하는 사람이다. 시나리오를 처음 읽은 후 작업에 들어가지만, 후반 제작이 끝날 때까지 작업을 마무리하지 못하는 경우도 있다.

음식 담당 Catering

매일 아침부터 밤까지 배우와 제작진에게 음식을 제공한다. 이보다 더 중요한 일이 있을까? 오랜 시간 일해도 모두 행복하고 기운이 넘칠 수 있는 건 촬영장에 마련한 맛있는 음식 덕분이다.

> **66** 후반 제작 과정에서는 끊임없이 영화의 시각적인 부분을 고치고 다듬고 새로 만들 수 있습니다. 하지만 첫 작업 중 잘 녹음한 깨끗한 대사를 대치할 수는 없습니다. 첫 작업이 좋아야 후반 제작 과정에서 시간과 돈을 많이 절약할 수 있지요. **99**
>
> **— 에릭 카터**
> 〈켄 댄비, 예술가의 삶 Ken Danby : The Artist's Life〉
> 녹음 기사 겸 편집 기사

후반 제작 파트
모두 한데 묶다

촬영이 끝나면 마침내 여러 사람이 한숨을 돌린다. 하지만 이때 새로운 제작진이
여러 달에 걸친 작업에 들어가려고 채비를 한다. 물론 이들이 하는 일도
촬영만큼이나 중요하다. 후반 제작진은 장면을 이어 붙여 실제로 영화를 만들어
내야 한다. 수많은 기술이 후반 제작과 관련되어 있지만, 어떤 영화에서든
상상력을 엄청 발휘할 수 있는 시간이다.

후반 제작 감독 Postproduction Supervisor

후반 제작의 전 과정이 매끄럽게 진행되도록 감독한다. 작업실 예약과 배우 섭외부터 다양한 부서 사이를 조율하는 일까지. 우리나라에서는 대개 프로듀서가 이 과정을 진행한다.

영상 편집 기사 Picture Editor

감독과 함께 편집에 관련된 모든 판단을 내린다. 그리고 여러 장면에서 색을 섬세하게 바꾸는 '색 보정' 작업도 함께 한다.

영상 편집 기사 보조 Assistant Picture Editor(APE)

촬영 장면을 모두 모으고 기록하는 엄청난 일을 한다. 필요한 경우 영상에 맞는 소리를 동시에 녹음하거나 백업 시스템을 유지하는 일도 한다.

대사 편집 기사 Dialogue Editor

완성한 대사 트랙을 모으며 ADR(대사 후시 녹음) 부서와 함께 일하면서 ADR 대본을 준비한다.

시각 효과 담당 Visual Effects Coordinator

시각 효과(VFX)는 영화에서 중요한 요소일 때가 많다. 감독과 함께 일하며 시각 효과를 고안하고 VFX 제작진과 함께 시각 효과와 자막 작업을 한다.

음향 편집 감독 Supervising Sound Editor

음향은 후반 제작에서 큰 비중을 차지한다. 음향 편집에서 각 부분을 세세하게 감독한다.

음악 편집 기사 Music Editor

주로 영상에 맞게 음악을 편집하는 일을 한다. 음악과 화면 구성의 흐름이 서로 딱 맞아떨어져야 한다.

음향 효과 편집 기사 Sound Effects Editor

효과음 부서와 함께 음향 효과를 설계하고 작업한다.

효과음 편집 기사 Foley Editor

촬영 중 녹음한 부분을 쓸 수 없을 때 화면에 나오는 동작에 맞춰 음향 효과를 설계하고 녹음한다.

ADR 편집 기사 ADR Editor

대사 편집 기사와 함께 작업하며 녹음 시간을 계획한다. 그리고 후반 제작 과정에서 대사를 녹음해 배우의 연기에 입히기 위해 배우들과 함께 일한다.

음향 믹싱 기사 Mixer

예민한 청각이 필요한 일이다. 모든 소리를 섞어 최종 사운드트랙에 싣는다. 매우 섬세하고 시간이 걸리는 작업이다.

> 66 영화 촬영을 하고 나면 후반 제작 파트가 작업을 넘겨받습니다. 촬영하면서 담은 영상과 소리를 줄이고, 더 감칠맛 나는 요소들을 덧붙입니다. 후반 제작 파트는 도시 곳곳 또는 온 나라에 흩어져 있을지 모릅니다. 그리고 후반 제작을 최고로 해내는 사람이라면 아마 세상의 온갖 차이를 만들어 낼 수 있을 겁니다. 99
>
> — 스티브 서브
> 음향 편집 기사

책을 마치며·

먼저 이 책의 집필을 도와준 동료 영화 제작진에게 감사 인사를 전한다. 에바 짐슨, 데본 번스, 마르크 아히텐베르크, 카트리나 사빌, 에릭 카터, 데이비드 카디즈, 애슐리 보우즈, 래리 코헨, 마지 카리히, 미셸 라티머, 모린 놀란, 도나 오브라이언 소킥, 케이티 할리데이, 스티브 서브, 마지막으로 밥 리처드슨. 그리고 제시카 버제스, 존 크로싱햄, 아울키드북스 여러분에게 감사드린다. 제프 쿨락도 빼놓을 수 없다. 지난 몇 년간 내가 가르친 모든 학생에게도 고맙다는 말을 전한다. 덕분에 늘 새롭게 배워 나갈 수 있었다.